提分

清北学霸高分29招

廖恒 —— 著

前言

给家长的一封信

各位家长，您好：

今天是 2023 年 3 月的最后一天，我在北京的家中给您写这封信。

昨天晚上，我在深圳的老同学带着她 11 岁的女儿来北京，我们一起吃了饭。席间，聊起了教育。我同学说，她女儿现在有一个很苦恼的问题，就是"有点孤独"。

她女儿是班里的尖子生，而且是尖子生中唯一不上辅导班的。她每天放学后，完成学习任务就下楼去玩，却找不到小伙伴。因为她的同学都

还在学习或者上辅导班。

那么我同学的女儿是如何做到不用上辅导班,成绩就很好的呢?

这得归功于我同学。她是一名教育从业者。在女儿刚入学时,就给女儿制定了一系列科学的学习方法,培养了良好的学习习惯。

她女儿这种学习状态,我相信是很多家长羡慕的状态。您接着往下读这封信,很快会发现,只要掌握方法,您孩子也会达到这种状态。

从我同学女儿的情况来看,似乎会得出"家庭条件和父母职业对孩子成绩影响很大"的结论,但真的是这样吗?

你知道考上清华北大的学生都来自什么家庭吗?

我花了2年多的时间,深度采访了100个清华北大的学霸。我发现,尽管他们的家庭千差万别,有的学生父母是教授、工程师,也有的学生父母小学都没毕业,但不可忽视的是,这些清北学霸有接近一半来自教师家庭。而且,在很多公开的统计调查中也得出了同样的结论。我采访的清华北大学生也透露,他们的清北同学大多来自教师家庭。

为什么考上清华北大的学生,大多来自教师家庭呢?

是老师的孩子更聪明吗?这一点肯定站不住脚。我在采访清北学霸的过程中有一个打破固有认知的发现:考上清华北大的学生,绝顶聪明的不超过5%,绝大多数智商和常人差不太多。

是老师的孩子有先天优势吗?很多人本能地觉得,职业是老师的父母,有着丰富的教育经验,再不济也能帮孩子辅导自己所教的那门学科。但这也不是根本原因。

而且这个原因也不符合实情。

我采访过的一个北大学生,他爸爸是化学老

师,而这位学生高三时,理综最头疼的就是化学。除了化学,他的理综选择题基本不会出错。偏偏相对来说比较简单的化学,每次考试都要错两道选择题。

我问他,为什么不请教你爸呢?他给我的回答是:"我才不跟他学呢!"

这并不是偶然事件,与上面这位北大学生相似,我采访的很多来自教师家庭的清北学霸,他们相对薄弱的科目,大多是父母教的那一科。而且,即使是来自教师家庭的普通高校的学生,他们最弱的那一科,往往也是父母教的那一科。

关于这个问题的原因,一方面是初、高中的孩子正处于青春叛逆期,这个阶段,孩子和父母关系容易出现不融洽。另一方面,父母与孩子太亲近了,容易教不好。我认识的很多名师朋友,他们在教育方面明明很厉害,却依然把自己的孩子交给别人教。

前言
给家长的一封信

既然教师家庭并没有给孩子带来高智商和具体学科上的帮助,那为什么清北学霸还是大多出自教师家庭呢?我认为根本原因是:

专业的人干专业的事。爸妈是老师,相当于家里有一个学习方面的专业人士,他们能用更专业的方法去解决孩子学习上的问题,所以他们的孩子大概率会在中、高考中拿下高分,考上名校。

普通家庭孩子和教师家庭孩子竞争,其实就是"业余队伍和专业队伍"的竞争,那专业队伍获胜的概率肯定更大。

有一句话叫,"方法不对,努力白费"。所以,很多时候,您孩子成绩不好,学习遇到困难,最根本的原因,是您没有把孩子的学习当成一个专业问题,用专业的方法去解决!

您如果看到这里,还没有太具体的感觉,那我来问您两个问题:

您的孩子寒窗苦读12年,这12年就是干"学习"这么一件事,可是您的孩子有学习过如何学习吗?

您孩子读书12年,肯定要去参加中考和高考,可是您有研究过中考高考到底是比什么吗?您研究过它的考试范围、评分标准这些规则吗?

请您此刻停顿10秒钟,扪心自问。我相信,99%的人回答都是"没有",或者"没有专门去做过"。而清北学霸和他们的教师父母都研究过。

您现在肯定明白了,也找到了孩子成绩不太理想的根本原因,就是"在孩子学习这件事上,没有按照专业的方法去做"。

您这个时候,是不是有点后悔,为什么自己不是一个老师,或者说,为什么当时不找一个老师结婚,这样现在就不会为孩子的学习发愁了。

没关系,您不必后悔。我就是专门来帮您解决这个问题的。

前言
给家长的一封信

这本《提分》以及之前的"极简学习法"系列书籍(《极简学习法》《英语极简学习法》已经上市,《语文极简学习法》《数学极简学习法》即将上市),都是来解决这个问题的。

为什么这些书能把您和您的孩子变成一个"学习"上的专业人士呢?这缘起于我对100个清北学霸的采访。

我在采访100个清北学霸时发现,虽然清北学霸们的学习方法千差万别,但本质上,他们都是按照"精准输入、深度消化、多元输出"这三步进行学习。也就是说,这简单的三步,就能保证您的孩子在考试中拿下高分,尤其是在中、高考这种标准型的考试中。

我把这三步命名为"极简学习法",进行了系统性总结,并在2022年4月底出版了《极简学习法》。很多家长都很认可这本书,在收获大家好评的同时,我也发现了一个问题。《极简学习法》是从学习的本质,在底层逻辑层面把学习方法本身给大家讲清楚。在实战应用方面,虽然有提到,但没有进行系统性的讲解,也没有具体问题具体分析该如何使用这套"极简学习法"。毕竟不同孩子的情况不一样,所用的方法肯定也不一样。

于是就有了您看到的这本《提分》。这本书的定位,就是"极简学习法"在不同学习情况下的具体应用。100位清北学霸的8大提分策略、29个提分绝招,手把手教给您的孩子。具体的招数,您可以翻看本书的目录,相信您会感受到这本书的价值以及对您孩子的帮助。

您看过目录后,一定会产生"哦!原来学习,原来提分是这么一回事啊!"的感觉,原本看似很专业的学习,您也能很快明白。以后您孩子的整个学习,也将会按照专业的规划和方法来进行。您孩子的学习状态,就会像前文说的我同学的女儿一样，轻松拿高分。

当然，如果您希望对孩子学习和教育这件事了解得更专业，我建议您把"极简学习法"全系列的图书都读一遍，这样您就能完全地变成一个学习方面的专业人士，能从容指导好孩子的学习了。

那么，一本讲学习方法的书，为什么我一直强调家长要看呢？

首先，"极简学习法"系列图书，讲的是学习方法。我们最终的目的，是利用这些方法帮您的孩子更轻松地拿到高分。

基于这个"让孩子用起来"的根本目的，如果孩子能自己跟着书里的方法学习，肯定最好。但如果孩子学习任务比较重或者其他原因，不想看。您就必须要看一遍，了解了这些方法后，再去指导孩子使用。

我举例来说，《提分》，在"提分的阶梯"这个部分，我就讲到了不同成绩段如何学习，具

体大家请见下面这张图:

提分的阶梯:不同成绩对应的提分方法

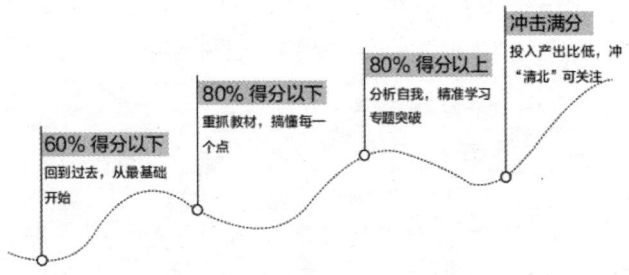

真心希望家长务必亲自读一遍这套书,孩子的教育离不开父母的支持。您看过后,就明白学习到底是怎么一回事,孩子的教育到底应该怎么做。当您掌握这些,也就相当于是把清北学霸的学习方法甚至清北学霸父母的学习规划和指导都系统了解了,您掌握了专业人士的方法,还会为孩子的学习发愁吗?

到时候，您的孩子也能更轻松地上名校，甚至考入清华北大。

廖恒

2023 年 3 月 31 日

北京市海淀区

目录

第一章
提分的准备：
像学霸一样理解考试的本质

第1招　本质一
中、高考是一场有边界的竞争 004

第2招　本质二
中、高考是一场有关效率的竞争 012

第3招　本质三
中、高考是一场有关熟练度的竞争 021

第二章
提分的高手：
"清北"学霸的三个突出点

第 4 招　学习状态
没有畏难情绪……………………………… 032

第 5 招　学习过程
从来不假努力……………………………… 039

第 6 招　学习程度
精细而且深度，至少为学习拼过一次命……… 046

第三章
提分的阶梯：
不同成绩段对应的提分方法

第 7 招　弄清考题组成
基础题 + 拉分题 + 压轴题………………… 062

第 8 招　60% 得分以下
回到过去，从最基础开始………………… 068

第 9 招　80% 得分以下
重抓教材，搞懂每一个点……………………071

第 10 招　80% 得分以上
分析自我，精准学习专题突破……………074

第 11 招　别迷恋冲击满分
有比这更值得关注的事………………………080

第四章
提分的重点：
好摘的果子一定要先摘

第 12 招　强攻偏科
"换个视角"搞定很容易………………………087

第 13 招　拿下主科
语数外三科提分效率分析……………………097

第 14 招　出击专项
集中发力一次拿下一片………………………108

第五章
提分的工具：
学霸提分的四个帮手

第15招 教材
永远是你的基础，必须首先搞定..................121

第16招 错题本
让错题不再错，99%的"清北"学霸都会用...132

第17招 真题
提分的王牌工具，做到"四做三悟"............141

第18招 参考答案
逼近且拿稳高分的"隐秘武器"....................152

第六章
提分的时间：
巧用时间，学霸提分效果事半功倍

第19招 重组时间
为了提分，你可以打破一切限制...................157

第 20 招　暑假寒假
大块时间，学霸都在这样提分 162

第 21 招　衔接时间
学段衔接期，三招实现大超越 166

第 22 招　课堂时间
主动出击式学习，一个小动作成绩猛增 172

第七章
提分的习惯：
学霸会坚持的四件事

第 23 招　常常复盘
阶段性复盘学习成果，保证一直高效 177

第 24 招　常常总结
总结三大关键点，把得分变确定 186

第 25 招　常常聚焦
一段时间集中做一件事，提分更有保障 192

第 26 招　常常完成
习惯从一而终，学完做完是第一重要的事 196

第八章
提分的陷阱：
根除假懂、假会、假行

第 27 招　根除假懂
上课能听懂，自己做不会，怎么办 207

第 28 招　根除假会
考试成绩忽高忽低，一招解决 210

第 29 招　根除假行
平时还行一到考试就不行，如何避免"考砸"... 213

第一章

提分的准备：
像学霸一样理解考试的本质

本书所讨论的提分，就是针对中、高考这种决定人生命运的重要考试的提分。

如果仅仅从应试的角度考虑，我们从小学到初中，再到高中的整个学习阶段的根本目的，就是希望在这两场考试中拿下高分，成为中、高考的胜者。而这期间所有大大小小的考试，都是为了找到我们在学习中的问题，以查漏补缺，使我们更顺利地在中、高考中拿下高分。

我们要想在中、高考中提高分数，首先就要根据《极简学习法》中提出的倒推思维和"以终为始"的原则，弄清楚中、高考的本质到底是什么，到底在比什么。这是一个很容易被人忽略，但又极其重要的问题。知己知彼,方能百战不殆。你想,你要参加的这两场考试是决定你人生命运的重要考试,如果你连它们是怎么一回事都不清楚,那怎么能做到备考高效,又怎么能做到精准提分呢?

在本书的第一章,我们就来弄清楚中、高考的本质到底是什么,中、高考到底在比什么。这一章,大家一定要非常认真且仔细地去理解,一定不要跳过,因为我们后面章节中关于提分的具体方法,都是以这一章为基础的。

从本质上来理解,中、高考作为一场选拔性考试(即通过一场考试测试,根据最终的分数,决出高低),有三个关键点。理解了这三个关键点,你也就理解了中、高考的本质。

第1招 本质一
中、高考是一场有边界的竞争

"中、高考是一场有边界的竞争,比的不是谁会的多,而是谁不会的少。"这是我在《极简学习法》中讲到的一个观点,但当时并没有给大家展开来讲。

这个关键点,我认为是中、高考中最基础也是最重要的,但又是反常识的,因此非常容易被人忽略。所以,我首先来给大家详细解释清楚这个关键点。当你理解了这个关键点,你就把握住了中、高考的本质。

第一章
提分的准备：像学霸一样理解考试的本质

为什么？

为什么说"中、高考是一场有边界的竞争"呢？这是因为中、高考的考试范围、考试要求和考试形式，都是确定的。

关于中考，也就是整个义务教育阶段的最后考试，一切参照的标准，就是教育部发布的《义务教育课程方案和课程标准》，简称"课标"。

2022年4月，教育部发布"新课标"，新课标于2022年秋季学期开始正式施行。

新课标的发布，意味着中考所要考察范围的圈定。这份新课标就是我们中考试卷编制的唯一官方标准，里面对于中考要考什么、考试的范围、考到什么程度，都有明确的要求。所以，中考不是一场浩瀚无边的竞争，而是一场有边界的竞争。这个边界在哪里，新课标已经给我们说得非常清楚了。

同理，关于高考，规定考试范围和考试要求

的，叫"考纲"。在高考的考纲里面，也明确地指出了高考要考什么，考到什么程度。因此，高考也是一场有边界的竞争。

综上，要想在中、高考中取得高分，我们要做的，就是在中、高考要求的边界之内，把该掌握的东西都掌握。从理论上来讲，谁能在上考场之前，把所有边界范围内要求掌握的东西，按照对应的标准全部掌握，没有遗漏，那么谁就能成为最终的胜者。

所以，看到这里，你肯定也理解了这一点：中、高考不是比谁会的多，而是比谁不会的少。

在网上看到这样一个问题："普通人考 99 分和学霸考 100 分，你们之间的差距是就这 1 分吗？"一个主流的答案是："不是只有这 1 分的差距。你能考 99 分，是因为你的水平只有 99 分；学霸考 100 分，是因为那张卷子只有 100 分。"虽然这个说法有一定的道理，但是从中、高考的

第一章
提分的准备：像学霸一样理解考试的本质

竞争规则来看，普通人和学霸之间的差距就只有这1分。因为学霸所掌握的那些超过中、高考试卷考查范围的知识，并不能让他多得分。

看到这里你肯定明白了，中、高考对于普通学生来说，其实是有捷径可走的，如果你只是为了拿高分，那么你就拼命地把考试边界范围里面的知识，一个个都吸收掉。而边界范围之外的知识，你可以一丁点儿时间也不花，这样你就可以得到和学霸一样的得分了。

所以，你不用担心自己智商不够，或者现在成绩还不够好，中、高考边界范围里面的知识，一共就那么多，它是有限的。从现在开始，你就一个个去学会、去掌握、去拿下，那么你最终的分数也会很不错。

记住，永远没有太晚的开始。关键是，你要在边界范围内，精准学习，精确作战，你就能赢，而且是不太费劲就能赢得很漂亮。

怎么做?

根据上面的讲述,相信你肯定意识到了,你必须按照新课标或者考纲的要求,在要求的范围内进行精准学习,这样就能做到考什么学什么,不做无用功。这样的学习才是高效的,才是直指最终中、高考得高分的。

在《极简学习法》出版后,每天都会有很多家长和学生联系我,很多人会问我同一个问题:"廖老师,我从来没有见过新课标,也没有见过考纲,我该怎么办啊?"

确实,大家明白了新课标与考纲的重要性,但结果自己压根儿没见过这个东西,更别说按照上面的要求进行学习,甚至担心自己曾经学过的,都学得不精准,不在边界范围内。

其实,这个担心倒是没有太大必要,因为你的学习基本上是在边界范围内的,充其量就是在

第一章
提分的准备：像学霸一样理解考试的本质

细节上不够精准，但整体肯定是没有问题的。

这里面的原因就是，无论是中考的新课标还是高考的考纲，都相当于小、初、高教育的指挥棒。它们本质上是辅助老师和其他教育工作者研究和开展工作的，它们的读者或者用户不是学生，而是教育工作者。这里有三类人，一是编写教材的人，需要按照新课标或者考纲来编写教材；二是一线老师，需要按照新课标与考纲来进行教学；三是中、高考的出卷老师，更是要按照新课标和考纲的要求来出题。因此，有以上这些教育工作者的把关，我们的学习整体都是在边界范围里面的，大家不用担忧。

所以，就此而言，即使我们不去研究新课标或者考纲，影响也不会很大。我们只需要特别注意两个内容，一个是教材，另外一个是真题。

教材是严格按照新课标和考纲最终的要求来编写的，本质上来说，新课标和考纲的要求都通

过教材呈现出来了。另外,中、高考的考题,除了极少数(一般不超过5%)压轴题和超纲题外,其他都必须源于教材。所以,大家一定要把教材吃透。在《极简学习法》中,我也专门强调了教材的重要性,以及如何吃透教材。在本书"提分的阶梯"与"提分的工具"这两部分,我也会从提分的角度来给大家讲,该如何利用教材快速提分。

教材是学生学习的工具,学习教材知识的过程就是"输入"环节,也就是我们先在"输入"环节做好边界的把控。与之对应的,做真题是"输出"环节,真题是对学生能力与水平的最终考查工具,我们可以通过做真题,来对边界范围内的学习点做好把控。

由此可见,真题也是无比重要的学习工具。利用教材学习,我们是"顺着学",就是教材上有什么,我们就要学什么。因为教材上的,都是

第一章
提分的准备：像学霸一样理解考试的本质

边界范围内需要掌握的东西。与之对应的，利用真题学习，我们是"倒着学"，根据真题的要求，来倒推我们的学习是精准的，是在考试边界范围内的。

虽然通过教材和真题能让我们做到学习是在边界范围内的精准努力，但如果我们自己能适当研究新课标与考纲，结合学习的情况来制订精确的学习计划，这样更是锦上添花。如果自己研究不明白，可以让专业人士来帮忙，也是不错的选择。

第2招 本质二
中、高考是一场有关效率的竞争

就在我写这部分内容的前一天,有一个学生在《极简学习法》的读者群里咨询我。她说:"为什么我花了那么多时间学习,我的成绩一直没有提高?但是我们班上成绩好的同学,并没有看他们花太多时间,成绩却一直很好?"

这个问题,就是网上一个很流行的话题:"为什么学霸一直在玩但是成绩很好?"有很多人说:"因为他们都偷偷学习,回家悄悄学到半夜。"

其实不是这样的。我采访过上百个"清北"学霸,他们当中一直拼命学习的真的不多,他们

第一章
提分的准备：像学霸一样理解考试的本质

的成功，更多的是基于两个要点的结合：一是"有科学的学习方法"，二是"有科学的学习规划"。

我用一个从广东考上清华的理科男生的故事进行说明。陈实（化名）是以理科全市第一名的成绩考上清华的，但他并不是一个理科成绩非常突出的学生，相反，他的各科成绩比较均衡，没有一科处于顶尖水平。如果他没有科学的学习规划，也没有科学的学习方法，他是不可能考上清华的。

陈实从小就有一个清华梦，他一进入初中，当老师的爸爸就和他一起制订了考清华的科学学习计划。

他们的计划很简单，就是初中主攻语文和英语这两科，初中毕业时，要达到高考语文成绩130分、英语成绩145分的水平。高中时期，再集中攻数学和其他理科科目。

为什么这么设计呢？原因很简单，一是因为

语文和英语这样的科目需要提前学习积累,所以可以提前拿下,不用等到高三时再去攻。二是文科的科目,尤其是语文,提分相对较慢,很难取得高分,后期再去攻要花大量时间,因此,需要先搞定。而理科的科目有具体的知识要学,基本要等到高二甚至高三总复习前才能学完所有的课程,自己很难提前学完。我们跟着学校的教学节奏走,如果每一步都学得很扎实,高三再进行备考训练,那最终高考的成绩肯定也不错。而且由于高中不用花太多时间学习语文和英语,就能腾出更多时间来学理科,这样我们在学习时间上又上了一层保险。

陈实这样做了,最终考上了清华,说明这一套科学的学习规划是能够取得理想效果的。

另外,在学习方法上他们也做了调整。陈实在上初中的时候对于语文和英语的学习,就是严格地按照高考的要求,用真题倒推的方法来进行精准学习的。当然,在初中刚开始的时候,他对于这一种学习方法和流程,实操并不是太顺利。大概到了初二快结束时,陈实才真正使用和学会了这种方法,并能够应用自如,后来成绩就提升得非常快。

到了高中,陈实对这种学习方法已经非常熟悉了,他也很自如地应用到理科的学习上。其实,整个高中阶段,他在学习上并没有特别拼命,他喜欢足球,每周末一场的足球比赛,他从来没有落下;他还喜欢旅行,一到假期就起身出发,高中毕业时,他已经去了几十个国内城市和十多个国家。

为什么?

为什么陈实能做到这些呢?学习成绩那么好的同时,还有时间做其他的事。原因很简单,因

为他的学习效率高,他掌握了科学的学习方法,花费的时间不多,但是最终的效果好,成绩高。

因此,基于陈实的案例,我想给大家分享一个学霸的"高分公式":

$$\frac{学习效率 \times 有效学习时长}{成绩}$$

根据上面的这个学霸"高分公式",你要想"成绩"的果实变大,那么你可以提高"学习效率",也可以增加"有效学习时长"。有一句话叫"勤能补拙",所以,对于大多数学生来说,只要你投入的时间足够多,不管学习效率如何,最终的成绩都还可以。但很显然,我们的时间是有限的,每个人在上中考和高考考场前拥有的学习时间不是无限延长的,而是有一个限度。因此,在时间一定的情况下,我们所常做的其实就是提高"学习效率"。所以,说到底要赢在中、高考,本质上,你要做的就是学习效率的竞争。换句话说,比的就是"单位时间的投入产出比",谁的投入产出比高,谁就能赢。只要你的学习效率高,那么即使你投入的时间没有那么多,最终的成绩也会不错。反之,如果你学习效率非常低,那么即使你投入再多的时间,你的成绩也没有办法获得非常好的结果。

怎么做?

懂得了这个道理,我们来看该怎么做。

其实在陈实的案例中,我们已经讲了,核心就是两个关键要点,一是要有"科学的学习方法",另外一个就是有"科学的学习规划"。接下来,我就分开来具体讲述。

首先,"科学的学习方法"。其实这一点

非常好理解,更科学的学习方法,就意味着有更高的学习效率。其实,在《极简学习法》中大多都是在讲科学的学习方法,目的就是希望大家能提高学习效率。关于学习的方法,这里不再赘述。

其次,我重点要讲的是"科学的学习规划"。科学的学习方法,是在你确定了学习的内容后,运用更好的方法去学习。而"科学的学习规划",解决的是你在不同的时间需要做什么的问题。这是从源头决定了我们最终的投入产出比。如果你做的事情本身就错了,那么你的效率再高也没有用,甚至适得其反。

我们在中、高考之前,其实有很多的学习时间,这些时间你要怎么安排、怎么使用,不同的时间段要去学什么、做什么,这其实都涉及科学的学习规划。陈实就是通过初中搞定文科、高中搞定理科的科学规划,最终考上了清华。那么,

第一章
提分的准备：像学霸一样理解考试的本质

适合你的学习规划又是怎样的呢？你的时间怎么安排、怎么使用效率更高，投入产出比更高呢？这是一个非常重要的问题。只不过，被很多人忽略了。我可以很负责任地说，在我采访的上百个"清北"学霸中，完全按照学校教学节奏和安排进行学习的同学微乎其微。他们都根据自己的实际情况，结合中、高考的要求进行了科学的学习规划。所以，你也应该这样做。

请记住，我们最终都要参加中、高考。只要你在上考场之前，掌握了中、高考边界范围内要求的知识，你就能赢。至于这个边界范围内要求掌握的东西，到底先掌握哪个，后掌握哪个，这一点不必过于死板，我们要的是最终的结果。大家都有从小学到高中这十二年的时间，都是一样的。谁更会安排时间，谁更能做好科学的学习规划，谁在学习上的投入产出比就会更高。

所以，请记住，我们必须要做好科学的学习

规划。这一点，重要程度一点都不亚于科学的学习方法。

你会问，究竟该怎么制定科学的学习规划呢？这其实是一个非常专业的问题，在此不专门赘述。在本书"提分的时间"这一部分，我就如何利用时间这个问题，结合科学的学习规划进行了具体讲述，能解决一部分科学学习规划的问题，大家可以认真看这一部分的内容。

第3招 本质三
中、高考是一场有关熟练度的竞争

我现在问你一个问题,让一位清华大一下学期的在读生去参加高考,你觉得他还能考上清华吗?

大多数人的答案是"肯定能考上啊"。不过很遗憾,你这个答案与现实出入很大,真实的情况是,大概率他已经考不上清华了。

你肯定会说,这怎么可能?他都已经考上清华了,现在上了大学,又学了大学的东西,水平更高了,为什么反而考不上了呢?

为什么？

这个问题涉及中、高考的另外一个竞争要点，就是"熟练度"。

我在采访"清北"的学霸时，他们中的很多人都会说一个词，就是"做题手感"。打过球的人肯定知道，不管是篮球、足球还是乒乓球，那些打得好的人，他们的球感都很好。比如打篮球好的人，他们不用特别去想自己的投篮动作，扔出球直接投进，这就是"球感"。对于学霸来说，他们对于考试的题目，也会有"做题手感"，或者"题感"。具体而言，就是一看到某道题目，就知道这道题目应该怎么做，自然而然不用去想。

对于很多学霸来说，他们已经把知识掌握得非常扎实了，无论什么样的题目基本都会做。但是他们怎么保证自己的速度、准确度，还有稳定度呢？那就是他们会适当刷题，即使已经会做了，

第一章
提分的准备:像学霸一样理解考试的本质

他们也会刷。他们刷题不是为了提高知识掌握度,而是保持自己的"题感"。

我曾经采访过一个从衡水中学考上北大的学生。我问她:"高考考场上,你最大的感受是什么?"她说:"感觉每个题目我都做过,做起来很顺,一般不用怎么想,就是自然能写出答案。"这其实就是"题感"。

对于学霸来说,他们为什么会有如此好的"题感"呢?就是因为他们对知识、对考题的掌握和运用,已经做到了炉火纯青的地步,甚至都成为下意识的反应,看到题,根本不用思考就能做出来。

中、高考中的每门考试都是有固定时间的。比如高考,数学是2个小时。对于很多考上"清北"的学生来说,他们通常用40分钟到1小时的时间就能答完所有题目,而且最终分数基本都在145分以上。而对于普通学生来说,2个小时

可能都不够,根本做不完。

这其实就是"熟练度"的问题。对于学霸来说,他们对于知识点和考题都已足够熟练。所以,他们看到题目就立刻知道怎么解,并且很快能做出来。而对于普通学生来说,可能多数题目也能做出来,但是他们熟练度不够,需要思考很久,而后面的演算过程也不够熟练,需要的时间也更多。

所以,很多学生就会出现这样的现象:题目会做,但是时间不够了。你可能会觉得自己很冤,明明会做但时间不够用。事实上,这一点都不冤,"熟练度"也是中、高考的一个非常重要的竞争点。因为,中、高考要求的是在有限的时间内完成一定数量的题目,除了准确度,速度也是比拼的关键要素。

第一章
提分的准备：像学霸一样理解考试的本质

怎么做？

既然"熟练度"也是中、高考一个非常重要的竞争点，那我们该怎么做呢？其实非常简单，就两个要求。

第一，你首先要意识到，"熟练度"也是中、高考的一个关键竞争点。

回到本节开头的那个问题。那个清华大一下学期的学生，他可能现在掌握知识的能力已经很高了。但问题是，他毕竟离开高中生活已经快一年了，对于高考要求掌握的知识、要求能做出来的考题，已经生疏了。他的"熟练度"已经远不如高三时的自己，自然也没有办法和正在读高三的学霸相比。

中、高考中真正"有效的知识"，就是你能在考场上充分利用起来，把题目做对的知识。而其他的知识，哪怕你掌握得再多再好，但无法让

你在考场上做出题目,那就是"无效的知识"。

总结一句话,那就是"对于中、高考来说,能用出来的知识才算数"。

因此,中、高考比的不是谁学的知识多,而是谁在考试的时候能用出来的知识多。能用出来的知识越多,拿到的分就越高。毫无疑问,在保证"准确度"的基础上,"熟练度"越高,做题速度就越快。

第二,你需要进行"熟练度"的练习。你不仅仅要做到充分掌握知识,把题目做出来,而且要做到非常熟练,尽可能提高自己的解题速度。

在具体的做法上,在《极简学习法》的"多元输出"部分,讲到的很多方法都是针对提高"熟练度"的。比如"参考答案学习法""训练出题人思维""专题刷题法"等。本质上,都是让你在保证准确度的情况下,改善自己的解题思路,做到在考试规定的时间内,尽可能做出更多的题目,让自己的得分最大化。当然,在本书"提分的工具""提分的时间"等部分,也有能让你提高"熟练度"的方法,大家可以根据自己的情况,具体理解和运用。

不过,最重要的不是训练"熟练度"的方法,而是你要知道"熟练度"也是中、高考一个重要的比拼点。你必须尽一切可能提高自己的"熟练度",而不是仅仅做到掌握知识,这样你才能赢在中、高考。

第二章

提分的高手:
"清北"学霸的三个突出点

在正式了解如何提分之前,我们先来了解另外一个更重要的问题:关于提分,"清北"学霸和普通学生到底有什么不同?

我在采访了上百个"清北"学霸后,总结出了他们身上的共性,而这些共性是普通学生没有的。而且,我认真思考了,为什么是这些共性让他们成为中、高考角逐中的佼佼者,最终考上了"清北"。

经过认真的比对,结合《极简学习法》出版后很多普通学生对我的提问,我总结出了学霸和普通学生三个核心的不同点。当你看懂他们之间的三个核心不同点后,你也就从根本上明白了为

第二章
提分的高手:"清北"学霸的三个突出点

什么同样都是学习,学霸成绩会好,普通学生成绩就不尽如人意了。知道了这个根本原因,你就能很好地理解本书后面的所有内容,即"究竟如何提分"。

第4招 学习状态没有畏难情绪

在《极简学习法》中,我已经专门讲了学习"不能有畏难情绪"的问题,那为什么在本书我还要重复,而且,我还把这个点总结为学霸和普通学生的第一个差异呢?

这样的设计,不是机缘巧合,而是经过深思熟虑的。因为没有畏难情绪,对于提分来说,太重要了。我认为,这就是学习中第一重要的事情,甚至比我们经常强调的"专注""好的学习方法"更重要。

为什么这么说呢?因为,只要你在学习中

没有畏难情绪，成绩就一定能好。当你做到了没有畏难情绪，就能从根本上解决你一大半的学习问题。

而且，据我的观察和分析，绝大多数同学成绩不好的根本原因，都是因为有畏难情绪。而我采访的上百个"清北"学霸，没有任何人对学习有畏难情绪。

你可能会说，"没有畏难情绪"，在学习中，真的有那么重要吗？你是不是夸大其词了！

你先不用着急反驳我。接下来，我会用普通学生和学霸的学习过程，做一个对比。让你感受到为什么畏难情绪会导致这么严重的后果，没有畏难情绪为什么如此重要。

普通学生的学习过程：成绩是怎么下降的

我们来假想一下，某个学生在初二的某一天，

遇到了一个数学难点。数学成绩一直还不错的他，努力了几下，还是没有搞懂，他开始觉得数学有点难，也就是对数学的学习有了畏难情绪。

此时，虽然这个学生对数学有了畏难情绪，但他还是在努力学习数学的。我们都知道，数学的知识是一环扣一环的，前面的没有学明白，那后面的就会越来越难，因为前面的知识是后面知识的基础。这就好比，你没有学会"1+1=2"，那就很难学明白"10+10=20"。

于是，这个学生发现数学越来越难，自己怎么努力都搞不懂，而且不懂的知识越来越多。他认为自己就是学不好数学，因为自己一直在努力，但成绩却越来越差。

其实，在这一刻，这个学生对数学已经产生了很深的畏难情绪。他产生了自己就是学不好数学的念头，也就不在数学上花心思了。

接下来，这个学生的数学学习就进入了一个

"恶性循环"，因为越不学，不会的知识点越多；而不会的知识点越多，越觉得难，长此以往，数学就成了这个学生永久性的偏科。很有可能，这个学生的数学成绩就会一直差下去，直到高考考出了很低的分数，上了一所不理想的学校。而这种畏难情绪也将带到以后的工作中，让他很多事情都做不好。

学霸的学习过程：成绩是怎么一步步提上去的

同样还是在初二的时候，另外一个学生也遇到了一个数学难点，他努力了一番，还是没有搞明白。这个学生和其他同学一样，继续上课学习数学。他发现自己不懂的地方越来越多，因为前面那个难点没有搞懂，导致他后面的很多知识点都学不会。

这个学生意识到，自己必须把这个难点给解决了，还要把后面的知识点都学明白。他根本没有想数学难不难,他只是在想,我要考重点高中,数学必须要拿到接近满分的成绩,不能有不明白的地方。

于是,他回家把自己数学成绩下降的情况告诉了母亲。而且他说明了自己是因为哪里没有学明白,导致后面的也都跟着没有学明白。

母亲知道这个情况后,找了一个不错的数学老师,每个周末来给孩子补习数学。没有其他要求,就是把那些没有搞明白的知识点都搞明白,而且要做题练习,做到真正的学懂,还要会应用解题。

就这样,这个同学的数学成绩又提上来了,依然是班里的前几名。而且,他最终也如愿以偿地考入了理想的重点高中。

畏难情绪,就是学生成绩不好的第一元凶

看完以上普通学生和学霸学习过程的对比,

第二章
提分的高手:"清北"学霸的三个突出点

你应该发现了,因为畏难情绪的存在,学霸和普通学生的学习模式完全不同。

普通学生有畏难情绪,在学习过程中,遇到一点点困难就躲着走,结果难点越积越多,自然成绩就越来越差,或者一蹶不振。

与之相比,学霸没有畏难情绪,心中只是记得自己的学习目标。在学习过程中遇到困难时,就会想尽一切办法来解决这个问题,兵来将挡,水来土掩,总之就是紧盯目标,把问题消灭。所以,学霸的成绩越来越好,或者一直维持在很好的状态,从来没有真正下降过。

如果想要成绩好,你绝对不能有畏难情绪,这是根本。

如果没有畏难情绪,学习就是迎难而上的模式,整个学习过程就是一直在解决问题,哪里不会学哪里的过程。你想,如果你能做到哪里不会学哪里,不学明白誓不罢休,那么你的

成绩能不提高,能不好吗?

而与之相反,如果有畏难情绪,那学习就会变成"躲着困难走"的模式,哪里不会就不学哪里。于是,不会的越来越多,形成恶性循环,成绩永远不会有提高。

所以,请记住,如果想要成绩好,想要真正提分,首先就要从根本上像学霸一样消灭自己的畏难情绪,哪里不会学哪里,勇往直前,成绩就能提高。

第5招 学习过程从来不假努力

在前面学霸没有畏难情绪这一部分,我们已经讲到了,学霸学习的过程,是"迎难而上"模式,哪里不会学哪里。所以,他们整个的学习过程,都是提分的过程。

在这一节,我们具体来讲述学霸学习的过程,他们是如何做到从来不假努力,也从来不做无用功的。让自己所付出的每一分努力,在学习上做的每件事,都能使自己提分,在最终的中、高考中拿下高分。

当然,学霸的"全程都在提分的学习过程",

也是与普通学生另外一个重要的不同点。

学霸的学习：在清晰的目标下，完全针对提分的精准学习

"北大宋老师"毕业于北大，如今从事教育工作。他对于高一的学生，就有一个非常清晰的建议。他认为像语文、英语这样的科目，不存在什么知识学过，什么知识没学过的问题，更像是一个水平的检测。所以，他建议学生一升入高一，就把最近几年的高考真题拿过来做。这么做不是为了看能考多少分，而是因为最近几年的高考真题，基本与你高考时的要求一致，你可以通过自己做题的情况，找到哪些地方有问题。基于存在的问题，再制订具体的学习计划，这样的学习就会非常有针对性，提分效果非常明显。

同样，我也就"如何使用高考真题"这个问

第二章
提分的高手："清北"学霸的三个突出点

题问过很多"清北"的学霸。他们都提到了一点，真题有一个重要的作用，就是发现自己学习中的问题。这些问题，就是我们要花心思攻克的地方。

针对考高分的学习，学霸的目的性是很强的，就是要在考试中拿下高分，尤其是要在中、高考这种决定人生命运的重要考试中拿下高分。

所以，学霸的学习过程非常直接，他们不会拐弯抹角，只求用最短的时间、最高的效率来达到自己的目的。

具体而言，他们的学习都会经历这样的三个步骤：

第一步，自我剖析，找到问题。

他们会首先分析自己存在的问题，找到问题所在，也就是找到要学什么知识，要解决什么问题。

第二步，制订能解决问题的精准计划。

在找到自己的学习问题后，他们就会制订精准的学习计划，即能快速解决问题的学习计划。

第三步,科学执行,达成目的。

在制订了精确的学习计划后,学霸就会按照制订的计划,真正地执行完成。当然,在执行的过程中,如果能找到更好的方法,他们也会随时调整。但是不管怎么调整,目的都是解决问题,从而达成学习目的。

任何时候,原理都一样,只是在不断地重复和循环。

所以,经过这样的三步,学霸的学习就都是非常精准的学习,每一步都有其明确的目的,不会做无用功。因此,整个学习过程都是在提分。

普通学生的学习:没有清晰目标的学习,做了很多无用功

据我的调研发现,普通学生的学习过程存在两个问题。而这两个问题,让他们做了很多无用

第二章
提分的高手:"清北"学霸的三个突出点

功,并不能像学霸一样提分。

第一个问题,随大流地学习。很多学生的学习,是完全按照学校的教学节奏来进行的,老师带到哪里,就跟着老师学到哪里。这种学习方法不是不可以,而是这种方法不应该是你学习过程的全部。

其实原因非常简单,因为学校老师的教学安排,是需要照顾所有学生的,是一套相对能满足大多数学生,也能解决大多数学习问题的学习计划。但是,每个学生的学习情况是不一样的,可能你的语文比较差数学很好,但你的同桌与你恰好相反,数学比较差语文比较好。这样的情况下,你们两个人应该使用同一套学习计划吗?毫无疑问,不应该啊。

所以,比较好的解决方式就是,你应该在学校要求的学习任务之外,多花时间来学语文;而你的同桌就要多花业余时间来学数学。这样你们才能都针对自己的薄弱科目进行学习提分。

但遗憾的是，很多学生只是跟着学校的教学节奏走，完全随大流了。而我们要做的是，大方向跟着学校的教学节奏走，细节上要利用额外的时间，或者学校的自习课等自己可以控制的时间，来设计适合自己的学习计划作为补充，这样提分效果就会更明显。

我采访过的"清北"学霸，至少有80%的学生有过一段不太短的时间进行自我学习。我不是提倡大家都要这样做，而是说想要真正提高成绩，必须要有针对自己学习情况的精准计划，不能完全随大流。

第二个问题，漫无目的地学习。很多学生的学习，是完全漫无目的的。他们从来没有去分析和思考自己的学习到底哪里有问题，只是想到哪里学到哪里，他们也不可能会根据自己的问题制订精确的学习计划。所以，他们不清楚自己每天学习的内容、每天在做的事情，到底对最终提分有没有帮助。

第二章
提分的高手:"清北"学霸的三个突出点

毫无疑问,这样的学习做了很多无用功。当然,判断自己是否在漫无目的地学习非常简单,就是看你是否使用了前面提到的学霸学习的三个步骤,如果没有,那就是漫无目的地学习。

通过这一对比,你肯定就明白了,为什么同样是学习,学霸的成绩比你好;而你,即使很努力很拼命,成绩依然和别人有差距。这里面的区别就是,你的学习是随大流、漫无目的的,你做了很多无用功;而学霸,他们是有清晰目标的精准学习,学习的全程都在提分,从来不做无用功。

第6招　学习程度
精细而且深度，至少为学习拼过一次命

在采访了上百个"清北"学霸后，我发现一件很有意思却和我们很多人的认知相违背的事情。那就是，考上"清北"的学生中，绝大多数并不是一直都在拼命努力学习，而是在某个时间段里有过一次拼尽全力的学习（部分学生有过几次）。在这个时间段里，他们的成绩飞速提高，提高到了"能考上清北的程度"，而在其他的学习时间，他们更多的是按部就班地学习，并没有特别拼命。

这个发现总结下来就是：考上"清北"的学

第二章
提分的高手:"清北"学霸的三个突出点

生,他们都至少为学习拼过一次命。

我先给大家分享一个案例。

陈雨航(化名)是一位考上北大的河南考生,他家是河南农村的,爸妈是普通的农民。不过,他的父亲非常重视教育,雨航也爱学习,成绩在自己所在的学校一直都处于前几名。中考时,他正常发挥,考上了自己所在市最好的高中。

陈雨航虽然考上了全市最好的高中,但是他的中考成绩,只能排在年级中等的位置,与那些在市里上初中的同学相比,他还差得很远。高中开学后第一次月考,陈雨航的年级排名比中考排名更靠后。毕竟是全市最好的高中,考题的难度以及灵活度,都大幅度提升,陈雨航很明显不适应。

名次排在年级后面,对于陈雨航来说,是非常沉重的打击。毕竟,以前他一直都是名列前茅。对于出身农村,家里条件一般的他来说,成绩原本是他唯一自信的资本,但是现在,他连这唯一

的自信都没有了。而且,他看着自己很多来自市里的同学都穿着时尚,各方面都很优秀,他的内心慢慢产生很强烈的自卑感。

整个高一,那种自卑感一直伴随着他,这让他不能全身心投入到学习中,学习成绩就可想而知了。每次考试,他的年级排名都没有明显的进步,偶尔还有一些下降。

高一的暑假,陈雨航和爸爸的一次对话改变了他的人生轨迹。当时爸爸看到陈雨航不理想的期末考试成绩单,并没有责怪他,而是和他说:"雨航,爸爸虽然没有读多少书,不知道学习到底要怎么做,但是爸爸相信,你一定可以把成绩提起来。你看,你之前从村里小学去县城初中上学时,一开始成绩也不太好,后来不是很快就追上来了吗?现在你到市里上重点高中了,我相信你肯定也能追上来。"

爸爸的话,给了陈雨航莫大的信心。那一瞬间,他心底的自卑感瞬间消失了。他想:"我现在考不过我的同学,是之前初中教的难度就只有那么高,所以我的成绩不如他们。现在,我们都是同样的难度,同样的老师教,我肯定也能学好。"

在那个暑假,他拿出自己高一的教材,三大主科,每一门都重新自学了一遍,而且针对数学这个科目,还做了配套的刷题练习。开学第一次考试,他的名次就提升了,排名从靠后前进到中间的位置。

这给了陈雨航更大的信心。陈雨航把自己的一切心思和时间都集中在了学习上。他说这一年他几乎都没有和班里的同学说过话,每天跑食堂他都是第一个,因为这样能节约时间,每天熄灯就寝后,他还会打着手电筒学习。他说他尽量少洗澡或不洗澡,甚至睡觉都是直接穿着衣服,这样早上起来就不用穿衣服,能多挤出一点学习的时间。

就是这样拼命,换来了陈雨航成绩的飞升。在高二下学期时,他的名次已经稳定在年级的前五了。

他这么拼命地学习,主要做了三件事:

第一件事:跟着学校老师学习,完成每天基本的学习任务。

毕竟是高二,还没有进入高三的复习备考阶段,每天还是有正常的学习任务,每个科目都有新的知识。因此,陈雨航需要紧紧地跟着学校老师的教学节奏,每天完成老师要求的学习任务。大家要知道,全市第一的重点高中,学习强度和难度是很大的,对于很多学生来说,能完成这一点就不错了,基本上需要花掉每天全部的学习时间。

第二件事:每个科目有针对性地学习,以便查漏补缺。

毕竟,陈雨航高一落下了很多知识,虽然经

第二章
提分的高手:"清北"学霸的三个突出点

过一个假期的努力,但高二开始的时候,他的成绩也只是在年级中间的水平。因此,每个科目都还有不少的漏洞。他没有特别突出的科目,所以每个科目都得花时间。

每次月考后,陈雨航都会拿出自己的卷子,逐科逐题地分析自己的问题,并进行有针对性的查漏补缺。尤其是对于知识性的漏洞,需要从知识本身学起,知识学懂后,还需要做题练习,这要消耗掉他大量的时间。尤其是在高二上学期的时候,他把大量的时间花在了这里。

第三件事:利用"参考答案学习法"进行精细学习,成绩飙升。

陈雨航选的是文科。到了高二第二个学期,他发现,无论自己怎么努力,文综成绩就是上不去,一直在一个"还可以"的水平,和年级最好的同学还是有10~20分的差距。

他通过分析发现,自己的客观题准确率非

常高，提升空间不大，但他的主观题得分不高。

他继续分析，为什么主观题得分不高呢？他发现自己写的答案有两个问题。

第一个问题，他写的答案不准确。每次文综考试，他都是勉强做完卷子，甚至有时候还做不完。因为他知道文综大题都是"踩点"给分，所以，他总是想着把主观题的答案多写一点，这样可以去碰能给分的点，这样就能多得一些分。但是这些"堆砌"出来的答案，很多都是不得分或得分少的答案，却浪费了很多时间。

第二个问题，他写的答案看着不专业。什么意思呢？很多时候，他写的答案和标准答案的意思差不多，但是表达方式，尤其是用词上差很多，远不如标准答案那么专业。所以，要想得高分，就得把自己的答案写得专业一些。

如何解决这两个问题呢？陈雨航想，我要写出高分答案，而手里的参考答案就是最好的高分

第二章
提分的高手："清北"学霸的三个突出点

答案,直接向这些参考答案学习不就可以了吗。

于是,他开始疯狂地研究高考真题的标准答案,还有辅导书上题目的参考答案,以及每次考试,老师写的标准答案。他就这样,一题一题地做,一遍一遍地写,直到自己的答案能和参考答案完全对上。他会专门模仿参考答案的结构、得分点,还有那些看上去"很专业的词语"。陈雨航在学习的过程中发现,这些"看上去很专业的词",其实就是每个科目一些特定的"学科术语"。所以,他就把这些专业的学科术语积累到自己随身的笔记本上,利用碎片时间记忆。

其实,陈雨航用的这个学习方法就是我在《极简学习法》中说的"参考答案学习法"。对于文科科目主观题得分有很大帮助,大家可以去更详细地了解。

在整个高二学期,对于文综和语文,陈雨航一直在用"参考答案学习法"进行学习。他把高考文综和语文近10年真题的大题，每道题都至少做了3遍。只要是真题，他就能直接说出这是哪一年的哪一道题，而且写出来的答案和标准答案几乎无差别。

经过这样的魔鬼训练，陈雨航的语文和文综成绩都有了大幅度的提高。语文能稳定在第一梯队130分左右。而文综成绩，从高二下学期开始，几乎每次都是第一名，有时候比第二名能多出20~30分。大家都知道，得文综者得天下，而陈雨航的年级排名一直在稳步上升，一步步提到年级前五的位置。

就这样，通过高二一年的拼命努力，他的成绩已经到了可以上"清北"的程度。

进入高三，陈雨航反而比较轻松了，成绩优异，形成了自己的学习方法和节奏，一切都按部就班。每天正常作息，还经常去打打球，锻炼自己的身体，并没有像高二那么拼命了。他的成绩

第二章
提分的高手:"清北"学霸的三个突出点

一直很稳定,基本都是年级前三,也有好几次考过第一。

最终,陈雨航以全市第一的高考成绩考上北京大学。

看完陈雨航的案例,你肯定发现了,他成绩的大幅度提升,是在高二完成的。如果没有高二这一年超出常人的拼命学习,没有通过"参考答案学习法"的精细和深度学习,他是不可能考上北大的。

就像我在这部分的开篇讲到的,很多考上"清北"的学生,至少为学习拼过一次命。我为什么把"精细而且深度,至少为学习拼过一次命"总结为学霸和普通学生的三个核心不同点之一呢?

这是因为,它是一次异于常人的"超级精细、超级深度、超级强度"的学习经历,是一次超出常规的提分过程。正是因为这超出常人和常规的"三超"学习经历,使他们把成绩提升到常规努力很难达到的层次，最终让他们的成绩稳定到顶尖的水平。其实，那些考上其他"985"的学生，他们的高考成绩比考上"清北"的学生可能就差十几分。这十几分的差距，有可能就是他们没有经历过一次"超常规的努力"，就差"为学习拼过一次命"。

看到这里，考上"清北"的学霸和普通学生的三个核心不同点就介绍完了。看完你会发现，学霸在学习中的每一个步骤都在提分。

首先，在学习的状态上，学霸是没有畏难情绪的，他们的心中只有自己的目标，为了实现这个目标，他们会想尽一切办法去克服所有困难。但是普通学生遇到偏科、难点，就产生了畏难情绪，不会的知识躲着走。这就是无法提分，一直成绩普通的深层原因。

其次，整个学习的过程，学霸一直都在自我分析，找到自己的问题，并逐个去攻破。把不会

第二章
提分的高手:"清北"学霸的三个突出点

的知识点都弄会了,这样的学习过程就是完全提分的过程。但普通学生在很多时候都是盲目学习,根本不去分析自己的问题,也没有针对性地学习,这样的学习自然不能高效提分。

普通学生无法提分的原因,除了做了很多无用功,更重要的原因是,有的人压根儿不清楚自己不会什么。这就好比,150分的卷子,你只掌握了120分的知识点,即使把120分都拿到了,你还是被扣了30分。而对于学霸来说,他们不断地发现自己的问题,逐个解决掉,将150分的卷子里包含的知识点都弄明白了,且会做题目。即使最终考试时出点小意外,被扣了几分,也比普通学生的120分高很多。

最后,就是学习的程度。普通学生的努力程度和精细度以及深度都是常规的,自然成绩也就只能达到一个常规水平。但是对于考上"清北"的学霸来说,他们都有过那么一次的拼命,超出

了常规,超出了普通人,他们最终实现了自己的目标。所以,我在这里奉劝各位,如果你想把成绩提到比一般人更高的水平,冲到顶端,那么你就一定要为学习拼一次命。记住,不需要你一直拼命;拼尽全力,一次就好。

第三章

提分的阶梯:
不同成绩段对应的提分方法

经常有人这样问我："我数学不好,我要怎么学才能提分啊？"其实,对于这个问题,我是无法回答的。原因很简单,这个问题太宽泛了。"数学不好",无法确定是哪种程度的不好,因为每个人的情况不一样,提分的方法也完全不同。比如,一个60分以下的学生和一个100多分的学生,他们的提分方法是绝对不一样的。

所以,在这一章,我们就来了解不同的成绩情况分别应该怎么提分。这一章,一共有两项大的内容：一是先了解中、高考考题的组成,以便大家能够对最终的考题有一个清晰的认知,因为不同分数段对应着要拿下不同类型的题目；

第三章
提分的阶梯：不同成绩段对应的提分方法

二是不同分数段到底该怎么提分学习。

我们想要考取高分，必须先把薄弱科目的成绩提上去。

第7招　弄清考题组成
基础题 + 拉分题 + 压轴题

中、高考是一场选拔性的考试，那这个选拔是怎么完成的呢，其实就是通过考题的组成来完成的。

在一张试卷中，会有三类题目，通过这三类题目选拔出不同等级的学生。所有学生的水平在这三类题目面前都能考查出来，水平低分数就低，水平高分数就高。

这三类题目，第一类是基础题，第二类是拉分题，第三类是压轴题。我以高考为例，来给大家说明。大家可以看下面的这张图。

第三章
提分的阶梯：不同成绩段对应的提分方法

> ① **基础题：占 70% ~ 80% 的分数**
> ·基本都是针对课本单个知识点的直接出题，只要吃透课本，任何人都可以拿下
>
> ② **拉分题：占 15% ~ 20% 的分数**
> ·此类题是对两个或多个知识点的综合应用，难度比基础题高，光吃透课本不够
>
> ③ **压轴题：占 5% 左右**
> ·此类题是为考"清北"的同学设计，通常难度极大，甚至超纲，普通学生可以不考虑

在高考试卷上，有 70%~80% 的题目是基础题，具体多少根据当年试卷难易程度而定，大多数情况下基础题占 80%。我们这里按照 80% 理解这类基础题属于简单题，多数都是考查教材上某个单独的知识点，甚至题目都是书本上练习题的变体。也就是说，你只需要把教材吃透，那你就能拿到 80% 的分数，满分 150 分的试卷，你能拿到 120 分。

拉分题，这类题目基本上占到了15%~20%，加上基础题，这两部分的分数占总分的95%。这类拉分题，难度系数比基础题稍高一点，多数情况下是两个或多个知识点的综合。我们在做这类题时，需要灵活运用多个知识点。虽然难度提升，但本质上并没有超纲。所以，想要拿下这类题的分数，首先单个知识点必须掌握扎实，其次你还需要有针对性地训练多个知识点之间的综合运用。很多考生经过专门的训练后，这类题目的分数也是可以全部拿下或部分拿下的。

如果这类题你能拿到部分分数，比如能拿到整体分数的85%~90%。满分150分的卷子，你能得到约128~135分。

事实上，很多学生的优势科目都能拿到这个分数。

压轴题，这类题目其实是给考"清北"的学生设计的。这类题目难度极大，甚至是超纲的。

第三章
提分的阶梯：不同成绩段对应的提分方法

要解出来需要付出极大的努力和极多的时间，分值占比不多，只有5%，投入产出比不高。在试卷的体现上，就是数学最后一道大题的最后一问之类的。如果你不打算冲击"清北"，直接放弃即可，拿稳90%的分数，除了"清北"，中国的其他大学可以随便选了。

看完高考考题的组成，你应该明白了，不同成绩段的同学，提分的方式完全不一样。

以上，我是以高考为例来说明考题的组成。中考或者其他选拔性的考试，同理。不同点在于，中考的考查，涉及不同地方的教育政策，可能会不太一样。就目前来看，中考更注重考查基础，基础题分数占比会更高，占到90%甚至更多。拉分题分数占比会降低，压轴题可能压根儿没有，因此在有些地方，中考会出现很多单科满分的情况。

所以，针对中考的提分，在接下来的讲解中，大家可以把部分分数段的标准提高10%或结合

当地中考难易程度和录取分数线来看,不用太考虑压轴题的问题。

明白了中、高考考题的组成,那接下来,我们就来具体看"提分的阶梯",就是不同成绩段的同学应该如何去提分。大家先看下面这一张图。

提分的阶梯:不同成绩对应的提分方法

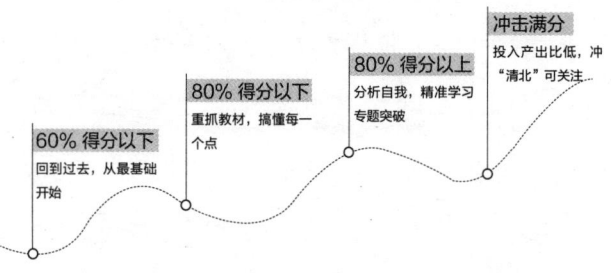

通过这张图,以及"提分的阶梯"这个名称,大家可以看出,提分的这个过程,就像爬阶梯,不能一蹴而就,要从低分慢慢提到高分。比如,如果你现在考试不及格,那就是先按照60%得分以下的方法进行提分,当你的成绩稳定在60%

第三章
提分的阶梯：不同成绩段对应的提分方法

的得分时，再使用下一阶段的提分方法，以此类推。这中间每一个过程所使用的方法，都是一一对应的关系，一定不能跨越。

好，接下来，我们就具体来看在每个分数段分别应该怎么做才能高效提分。

第8招 60%得分以下
回到过去，从最基础开始

如果你现在无法拿到60%的分数，说明你之前的知识很多都没学明白。

所以，你要做的不是关注眼前的知识，更不是追求高分，而是回到过去，从过去所学的东西中开始补，把欠的债还了，从最基础的地方开始。

举个例子，假如你现在初二，数学成绩维持在三四十分。这个时候你可能想到《极简学习法》里面讲的，要先吃透教材，于是你就翻开了初二的教材认真学。你会发现一个问题，很多都看不懂，因为你的知识水平还没有到学初二教材的水平。

第三章
提分的阶梯：不同成绩段对应的提分方法

此时你要怎么做？依然是回归教材，不过是回归初一甚至小学教材。注意，这里的学习教材，不是查漏补缺，而是当作新课程来学习，相当于从零开始。因为如果连及格都达不到，就是漏洞太多，必须重新学一遍。

当然，究竟从哪本教材开始，根据你自己的情况。如果小学六年级的数学学不明白，那就从小学六年级的教材开始。如果你自认为从小数学成绩就不行，那干脆把小学数学所有知识快速系统地学习一遍，把基础打扎实。相信我，一旦你把前面的基础打扎实了，再开始学初中知识就会非常容易，这样你的学习也会事半功倍。

在这里，需要强调一点，有的同学在这么做时，心理上难以接受。都上初中了还要去补小学的知识，难以接受的心理可以理解。但是换个角度想，我们的终极目的就是"提分"，补习旧知识跟学习新知识的行为都是为这个目的服务的，

都应该坦然接受。

当你回到过去,从最基础的地方开始,一开始可能心理上难以接受,但是在学习过程中,你会看到自己的进步。曾经不会的东西,现在都会了,曾经不会做的题,现在也开始会做了,能收获一种满足感。这种满足感,会给你继续前行的动力,你的学习就进入一个"正反馈"的状态,你也会学得很开心。

接下来,你会感受到自己的进步。最终在某一天,你会发现,老师上课的内容都能听懂了,教材上的练习题也能做出来了,数学原来如此简单。而且在之后的考试中,你的数学能及格了,甚至稳步前进。

当你的成绩维持在了及格水平,你就可以进入下一步——80%得分以下的提分学习了。

第9招 80%得分以下
重抓教材，搞懂每一个点

接下来，就是80%得分以下的提分学习了。

为什么以80%得分为标准呢？我们在前面讲了，高考中有80%是基础题，这部分题目都是来源于教材，只要吃透教材，就能拿下。但现在如果不能拿到80%的分数，就说明基础题还没有完全拿下，还有漏洞，所以我们提分的学习重点，关键还是吃透教材。

当然，针对中考的学习，标准可能是90%得分以下。

在这个阶段的学习，吃透教材和60%得分

以下的学习方法不太一样。60%得分以下，是直接把旧知识当成新知识学习；而这个阶段，重点要做的是查漏补缺，真正毫无遗漏地吃透教材。

在《极简学习法》中，给大家讲了吃透教材的"透、全、串、多"四字原则。

透：就是要理解通透，不仅知道是什么，还知道为什么。比如，一个公式，你不仅要记住这个公式，还要知道这个公式为什么是这样的。

全：不留疑点，颗粒归仓。教材上的任何一个地方，都必须全部搞懂搞透。哪怕是说明性的小字，都不要放过。这就需要我们做到"精准自查"，用教材的目录或者考后找到自己的疑问点，都是好的方法。

串：形成体系，把知识点串起来。就是不仅要理解单个的知识点，还要把知识点串起来，形成一张知识网，这样你对知识的理解就成了体系，不是零散的了。

第三章
提分的阶梯：不同成绩段对应的提分方法

多：不断重复。教材是经典，学一次不够，要经常翻开学习、分析、练习等，每一遍你都会有新收获。

吃透教材的"透、全、串、多"四字原则，每个部分到底怎么去做，大家可以参看《极简学习法》。对于80%得分以下的学生，第一要务是"全"，就是精准自查，找到自己的问题，再去理解透彻，把知识点形成串，而且要经常看教材。

对于如何用教材进行提分学习，本书在"提分的工具"部分中还会专门讲，大家可以具体细看。

第10招 80%得分以上
分析自我,精准学习专题突破

当你能够拿下80%的分数,就意味着中、高考试卷中的基础题你都拿下了。你可以进入下一个分数段的提分学习了,拿下拉分题。

首先有如下几件事要做:

第一,你还是要回归教材,再次精准自查,是否彻底弄透了。

为什么还有这一步呢?因为你拿到的80%得分,有可能还包含着一部分拉分题的分数,而基础题是有失分的。如果你属于这种情况,就需要再找到自己的知识盲区,把教材对应的部分吃透。

第三章
提分的阶梯：不同成绩段对应的提分方法

这时候，大家可能会问，那我怎么知道自己是否有知识还没学明白，教材没吃透呢？其实有一个很简单的判断办法，就是考试后分析自己的错题。如果是对这个知识点本身没有理解，那就是没有吃透教材，找到对应的地方，继续吃透教材。反之，因为马虎或者综合运用不是太好，那就不是基础知识的问题了。

第二，自我分析，精准专题突破。

当基础问题已经全部解决，这时候我们需要做的就是自我分析，精准专题突破，拿下拉分题。

这是什么意思呢？或者说，为什么要这么做呢？

之前我们讲拉分题时专门讲过，拉分题本质上是两个或者多个知识点的综合应用，它的难度比基础题高，光吃透教材是不够的。拉分题可能是把课程教材里面的第一章知识和第三章知识融合在一起，考查学生的综合应用解题能力的题目。

你可能会觉得很难,一个科目有那么多知识点,我们怎么确定融合点呢?

其实,拉分题虽然是多个知识点的综合运用,但其核心只有两种综合方式,一种是知识板块内综合,另外一种是知识板块间综合。对于这两类题目,我们要用不同方法去攻克。

专题内综合,通常就是题目出得很深。一道题虽然综合了不同的知识点,但是它综合的是一个板块里面的知识,这种题目在数学里体现得很明显。比如,立体几何的题目就是考查立体几何,只会涉及立体几何的多个知识点,不会考查其他知识。翻看高考数学卷子,你会发现,最后几道大题的考查方式很固定,每一道大题都对应着一个知识板块。

对于板块内综合的题目,其实很好攻破。每次考试后,如果你发现自己的某一类题目总是丢分,那就说明这一板块的知识你没有真正掌握。

第三章
提分的阶梯：不同成绩段对应的提分方法

这一步就是精准找到自己学习中的问题。接下来你需要做的事情就是"专题刷题"。在《极简学习法》里面专门讲了，就是在一段时间内，专门刷某一个板块的题，要刷到能总结出这类题目出题方式的程度，将解题方法做到烂熟于心，就算完成任务。对于这几步具体怎么做，大家可以看《极简学习法》中的详细讲述。

板块间综合的题目，就是它不是在一个知识板块里综合，而是把不同板块的知识进行综合出题。这一种情况在高中物理中很常见。对于高考物理，很少有只考单个知识点或者单个板块内知识点综合的题目，大多数是板块间综合。比如，很少有单独的运动学题目，而是力学与运动学结合；也很少有电磁学的题目，而是力学与电磁学综合。为什么很多同学觉得高中物理很难，就是因为高考物理多数都是这类综合题。你只掌握教材上的知识点很难拿到分，相当于高考物理试卷

主要是拉分题,几乎没有基础题。

当然,像语文、英语这样的科目,从本质上来讲,作文就是板块间综合的拉分题。因为作文是对你"字词句篇"的综合考核。

那这种板块间综合的题目该怎么攻克呢?其实攻克方式本质上和板块内综合的处理方法大同小异,只是多了一个步骤。即我们要总结,某个科目内经常容易出考题的是哪些知识点或哪些知识板块之间的综合,你需要先把这些总结出来。

说到这里,很多同学会担心自己总结不出来。放心,你的老师,或者现在的很多网课、辅导资料,都已经帮你做了,不需要你自己总结。但是你要弄清楚,到底是哪些板块在综合,你要有这个意识。

当你弄清楚有哪些板块综合后,具体的攻克方式,和板块内综合是一样的,还是"专题刷题"。拿物理举例,力学和电磁学容易出大题,那么你就需要总结出来,或者找到已经帮你总结好的资料，用专题刷题的方式，来攻克力学和电磁学的综合题。当然，具体专题刷题的方法也是一样的。还是总结出题方式，总结解题思路，练到炉火纯青。

最后，再提醒一下大家，一定要总结是哪些板块经常综合出题，哪些知识点经常综合出题，一定要有这个意识，这个步骤非常重要，一定不能省。这是你攻克拉分题的前提。

因为中、高考都有一定的稳定性，出题的方式在前后几年内都不会有太大的变化。所以，这种综合出题的方式也相对固定，也不会有太多种类。这个总结工作很简单，而且是个行之有效的方法。

那么，有哪些材料可以帮你总结呢？首先，真题和高质量的模拟题就是很好的总结材料，一定要利用好。其次，在本书后面"提分的工具"部分，也会专门说到这个问题，大家一定要认真看。

第11招 别迷恋冲击满分有比这更值得关注的事

当你的得分已经达到90%甚至接近95%的水平时,你要往满分冲击了。对于要中考的学生来说,完全可以去冲击满分。但是对于高考生来说,就没必要了。当你的高考水平真到了这个分数段,你更应该关注的是总分的提高。

在中、高考考题的组成中,我专门讲了,压轴题占比大约5%,难度很大,甚至可能超纲,需要投入很大的精力,也未必能拿下。因此这是一件投入产出比很低的事,不建议去挑战。但如果你属于以下几种情况,可以去冲击压轴题。

第三章
提分的阶梯：不同成绩段对应的提分方法

首先，你要冲击"清北"。本质上，压轴题就是为考"清北"的学生设计的。所以，你如果有冲击"清北"的实力和想法，可以去攻压轴题，尤其是自己的优势科目。

其次，某一科特别拔尖的同学。如果某一科是你的优势学科，同时，其他科目成绩也不错，你可以去攻压轴题。因为你非常擅长这门学科，压轴题对于你来说，可能也没有那么难。

最后，对于中考生来说，你如果要上你们当地重点中学的重点班，压轴题一定要拿下，甚至你每一科都要奔着满分去努力。只有这样要求自己，你上重点高中重点班才会稳。

如果你不属于以上三种情况，我认为就不必去追求单科成绩的完美了，而是跳出来看自己的总分，看全科。

中、高考，不是比单科的分数，而是比总分。真正获得高分的学生，一定没有偏科，每

一科成绩都不错,而且有一个自己的优势学科,拉高总分数。

所以,你要按照这样的分数结构来分配自己的时间和学习精力,你应该做如下两件事。

第一,找到自己的弱势科目,攻上去。

请注意,不同的科目,弱势的标准也是不一样的。

如果你要上名校,数学、英语这两科都是要达到顶尖水平的。我采访的"清北"学生中,他们的数学和英语成绩普遍在 140 分以上。所以,对于高考生,如果数学和英语达不到 140 分以上的成绩,你就还有提升空间。对于高考生,语文需要拿到接近 90% 的分数,也就是尽量冲 130 分,不要低于 125 分;对于中考生,语文要往 95% 的得分去努力。语文是大家容易忽视的科目,但如果你想要上名校,必须关注语文。因为在高段位的竞争中,英语和数学是无法拉开分距的,

第三章
提分的阶梯：不同成绩段对应的提分方法

能拉开分距的，只有语文了。当然，对于其他科目，理科尽量冲击95%的得分，文科冲击85%甚至90%的得分。

如果你的某个科目，和我前面说的得分还有不小的差距，毫无疑问，去花最多的精力攻克自己的偏科，你的总分会有跨越式的提高。至于怎么搞定偏科，在《极简学习法》中以及本书后面"提分的重点"部分，都有详细的讲述。

第二，你的优势科目，如果还没有达到顶尖水平，可以花精力去达到。

这种情况，就是"冲击满分"的第二种情况。这种策略的本质，就是通过优势科目拉高总分。其实，大多数学生都会有这样的感受，就是某个分数很高的单科，对于拉高总分的作用非常明显。

这一部分的内容就到此结束了。最后，再强调一遍，不同分数段，提分的方法是完全不一样的，一定要按照本章的"提分阶梯"进行，不能

越级,也不能用混,否则都会影响最终效果。

另外,再特别说明,本章划分的几个得分级别,确实会因为中考、高考(中考得分率会高一些),以及不同科目会有差别(语文等文科得分率会低一些)。但不同分数段提分的方式都是一样的,因为都是对应三种类型的考题,逐一拿分。

第四章

提分的重点:
　好摘的果子一定要先摘

这个世界上任何事情都有"二八法则",提分也是一样,有容易提分的地方和提分相对困难的地方。毫无疑问,我们应该首先从容易提分的地方下手,好摘的果子,一定要先摘,这是我们提分的重点。

第四章
提分的重点:好摘的果子一定要先摘

第12招 强攻偏科
"换个视角"搞定很容易

其实最容易提分的地方,就是我们的偏科,因为偏科本身分数低,所以提分的空间很大。而且,偏科提分其实非常容易,只需要"换个视角"就行。

偏科提分,请首先"换个视角"

我会为有偏科的同学高兴,为什么这么说呢?因为你有偏科,那就说明你其他科目学得不错,所以比较弱的科目才叫有偏科。不然所有科

目成绩都不好的话,用网上的玩笑话说,那叫"成绩均衡,没有偏科"。

为什么我强调这一点呢?这就是我们要转移视角。我们要看到自己的长处,增强自信,然后再进行偏科提分。

下面这段话,是我采访的一位北大女生说的话:

有偏科说明你学习成绩很好,你能把除偏科外的其他科目都学好,那你的学习能力、智商、努力程度,各方面都是不错的。你有偏科,只能说明你之前没有找到合适的学习方法,或者投入的精力少,或者是老师的上课方式不适合你,甚至就是单纯地不喜欢这科的老师。这些原因都有可能,不过,这些原因都不重要。

你要把偏科补上来,最重要的事情,就是你要相信自己的学习能力,对自己有信心,你是可以把偏科学好的。你想你其他科目都能学好，学习能力没有问题，那这个偏科有啥学不好的。当你有了这个信心后，这个问题就非常好解决了。

所以，这就是我们在偏科提分时，首先要转换的视角：看到自己的长处，基于自己能学好其他科目，所以自己的学习能力没有问题，是能把偏科学好的。记住，一定不要死死地盯着偏科本身，然后害怕、胆怯，陷入自我怀疑中，这对偏科提分有百害而无一利。

有了信心后，偏科提分具体怎么去做呢？其实非常简单。

偏科提分，要用你本身就会的方法

偏科提分，首先就是要用你已经会的方法来提分，或者说学习。具体而言，就是把自己擅长

科目的学习方法应用到偏科当中。

这是什么意思呢？在《极简学习法》这本书中，我讲了学习的底层逻辑，就是"精准输入、深度消化、多元输出"这三步，而且这三步不是我随便说的，是我在采访"清北"学霸时，总结出来的。我发现虽然他们的学习方法好像千差万别，但底层都是这三步。所以，极简学习法，也是可以应用到偏科科目里面的。

为什么这样说呢？因为本质上，不管学什么，学习的底层逻辑都是相通的。虽然每一个科目的学习方法有一些差别，但各科目之间一定有相通的地方。所以，要解决偏科，我们更好的方法是用优势科目的学习方法来学习偏科，或者说，你必须先这样做。

接下来，我给大家做进一步的分析。

我给大家讲一个北大女生的例子。这个女生高考数学成绩是全省唯一一个满分的。

第四章
提分的重点：好摘的果子一定要先摘

当时我问她，那些高考数学 147 分、148 分、149 分的同学跟你这种数学满分的比，差在哪里？她说，他们比我差在"书写规范"上，其实本质上高考数学能考到 147 分的同学，也有满分的实力，就是书写规范的问题。

她说，女生学数学是非常有优势的，尤其是对于高分的学生，因为女生细心。高考数学是按照步骤给分，很多成绩很好的学生，做的题也很多，知识很扎实，题目都能做出来。但很多同学，在写大题答案时，会出现书写不规范的问题，漏掉步骤，跳过步骤，是很常见的。因为数学成绩好的学生，他们对数学的掌握是超过高中知识的，或者自己平时就推导了很多二级结论，所以在他们眼中，a 是能直接到 c 的。但实际上按照高中数学的知识，必须是从 a 先到 b 再到 c。那么在考试的时候，你的答案如果直接从 a 到 c，漏掉了从 a 到 b 这一步，那么这个步骤分可能就会被扣掉3分。

而这个女生答题非常细心,严格按照规范的步骤进行书写,而且会针对标准答案进行专门练习,最终拿到了高考数学满分。她说,这是自己很重要的学习方法,她把这个方法应用到其他科目中,得分也大幅度提高。

而对于语文、文综学科大题,她知道答案是什么,而且她写的答案和标准答案意思差不多,但每次得分起伏不定。这是她提分的难点,对于普通学生来说,问题不大。但对于要考"清北"的学生来说,这就是他们的偏科了。她一直在想办法提高,之前试了很多方法,但效果都一般。后来,她忽然想通了,既然都是写答案,我的数学是严格按照标准步骤进行书写得到了满分,那文科的答案也是"踩点"给分,我同样按照"给分点"进行书写就可以啊。于是,她就开始拆解和模仿文科大题的标准答案,从结构到给分点,逐一练习。毫无疑问，经过这样的练习后，她的文科大题得分也稳定了，最终考上了北大。

这就是典型的用老方法解决新问题。所以，对于偏科的提分，首先你要用你擅长科目的方法进行偏科的学习，这样你就能快速上手，快速见效。需要说明一点，每个科目会有自己的差异性，当你发现你原本擅长科目的学习方法已经不能再帮你提分时，你就应该寻找新的方法来给偏科提分了。不过不用担心，因为这个时候你的偏科已经不再是真正的偏科了，你对它已经很熟悉，接下来就是用新的方法解决熟悉的问题了。

偏科提分，要用"大段的"时间

偏科的提分还有一个重要问题，就是要用对的时间。具体来说，就是用"大段的"时间。

偏科，是你学习中的难点，你想通过日常手

段来提升,成功的可能性不大。为什么呢?因为你的偏科之所以成为偏科,就是你平时的学习内容没有搞定,所以,不会的越积越多,最后成了偏科。因此,平时学习的环境和时间安排,都难以保证你能把偏科学好。

对于偏科的提分,我们要做的就是用大块的时间来集中攻克,深度专注,借助外力才能搞定。暑假、寒假这样的长假,就是你攻克偏科的关键时期。

我给大家的建议是,你可以利用一个暑假或者寒假,来解决一个偏科。比如,现在你上初二,数学可能是不及格的水平,那么说明,你不仅初二的数学没有学明白,而且初一的知识就有欠账。你需要从初一的数学开始补,甚至还需要通过小初衔接的课程学习,来巩固一遍小学数学的内容。你想这么大的学习任务,一个假期的时间可能都不够。

另外,利用一个假期攻克一个偏科,还有一

第四章
提分的重点：好摘的果子一定要先摘

个好处，就是"集中攻克"，效果会更显著。运动员的训练中，有一个集训的概念。在一段时间，集中突破一些常规做法无法突破的东西，让自己的运动成绩实现质变。那么，我们学科的学习，也是同样的道理。当你集中一段时间只攻克一个偏科时，你就会产生平时无法实现的效果，实现成绩的质变。

当然，利用一个假期对一门偏科提分，你可以寻找外部助力。比如系统学习优秀的课程，或者直接跟着某一个老师进行集中学习，这些都是不错的方式。因为对于偏科，你很难通过自学完成，那么借助外力，也是非常重要的。

可能有同学会问，我有好几个偏科怎么办？如果真是如此，那就要一个假期搞定一个偏科。有的地方暑假长达两个月，一个暑假可以攻克两个学科。

当然，还有一种方式，就是把一个学期的小

长假、周末，进行整合使用。比如，这个学期的这些假期，你全部都用来提高一个偏科，这也是一种很好的处理方式。

这里啰唆一句，不到万不得已，偏科的提分一定要用"大段的时间"攻克，切忌两个偏科并行，这样一定会影响效果。因为，一心不可二用，专注、投入，才能给你带来真正的突破。

第四章
提分的重点：好摘的果子一定要先摘

第13招 拿下主科
语数外三科提分效率分析

提分，最终会落到每一个科目上。在这一部分，我们来对比语数外这三个主科，到底谁是好摘的果子，谁更容易提分？我们应该如何安排这三科的提分顺序，才能让提分事半功倍？

提分空间：数学和英语 > 语文

首先我们来看提分空间。从这一点来说，英语和数学的提分空间要比语文大。我采访的"清北"学霸，他们的数学和英语成绩，基本都是140多分，考满分的也经常有。因此,这两科很容易就能拿到接近满分的成绩。但对于数学和英语比较差的同学,就是另外一个极端了。语文不会的题目,只要写满就有机会得几分,数学和英语不一样,不会就是不会,完全无法得分。这也是数学和英语这两个科目,会出现两极分化的原因,高分极高,低分极低。因此,这两科的提分空间是非常大的。

语文这个科目,主观题比较多,写上答案多少都会得分。作文更是如此,不会无从下手。语文容易得分,但很难得高分,因为主观题和作文很难做到不扣分。我采访的"清北"学霸,他们的高考语文成绩基本在120分以上,超过130分的不多。因此,语文的提分空间没有数学和英语那么大。

提分效率:英语 > 数学和语文

我们再来看提分效率。我认为英语是三科当

第四章
提分的重点：好摘的果子一定要先摘

中提分效率最高的，因为英语真的可以做到低投入，高提分。

英语较差的同学如果想提分，其实非常简单。先背单词。你想，如果一张英语卷子上面的单词你都认识，你说你的分数能不能提上去？但有的同学会说，那么多单词，我怎么才能背下来呢？其实，大家不用管高考、中考英语要求必须会的几千个单词。我们生活中有常用词汇，中、高考也有高频词，高频词其实就是几百个。如果你能先花点时间把高频词拿下，你的英语成绩会直线上升。

英语这个科目从整体来看，它要求你掌握的东西没有那么多，而且也很确定，关键也不难。英语的学习，本质上就是有限的单词，有限的语法（英语的大语法真的非常少），以及整体的能力提升，还有就是每个题型的应试技巧，因此你要花的时间并不会太多。另外，不管是单词还是语法，它的学习难度真的不大，和数学相比，真的是容易太多了。因此，英语的提分效率在三个主科中最高。在我采访的"清北"学霸中，很多同学都是在初中甚至小学，就把英语搞定了，达到高考140分以上的水平，之后上了高中，都是把学英语的时间腾出来用在数学和其他科目上。所以，我建议大家尽量把学英语的学习提前搞定（因为的确可以，也不难做到），这样使得整个学习进程更从容。

英语到底怎么学，怎么提分，大家可以参考我撰写的《英语极简学习法》这本书。你只需要4个月，做四件事，就能让你彻底学透英语。

数学提分效率也比较高，但稍微低于英语。数学这个科目，本质上是要学懂知识点，再利用知识点进行解题。真正学懂了，提分是很确定的，效率也很高。整个数学提分的过程，也就是学懂了一部分的知识，再进行对应的练习，你就能做

第四章
提分的重点：好摘的果子一定要先摘

出这部分知识对应的题目。因此，提分的效果也是很好的。

之所以说提分效率比英语低一点，一方面是因为"要学的东西多"。数学的知识量比英语要大很多，尤其是对于参加中、高考的学生来说，每个年级学的东西都不一样，知识量是很大的，所以需要花更多的时间。相较于英语，虽然我们小初高都在学，但是学习的东西本质上没有变，底层都是那些单词和语法。所以，对于数学这个科目，大家在平时学习的过程中，尽量不要有知识欠账。否则，等到备战中、高考时，你需要补的知识太多了。

另一方面是"难度大"。很多同学数学成绩不好，真的是因为数学很难，已经难到我们要很认真、很深度地去学习，才能学好的程度。而且，现在高考数学有逐渐变难的趋势。所以，当我们在进行数学提分时，难度会非常大，进展速度就

会慢。因此数学的提分效率比英语低。

语文提分效率其实不低，关键是你要找到对的方法。很多人会觉得语文像"玄学"，"学得浩瀚无边，考得漫无边际；考试做题靠感觉，得分高低看运气"。其实，语文并不是大家想的如此，提分也是有方法可循的，是一件很确定的事，而且只要方法用对，效果非常明显。

语文的提分需要你做两件事，第一件事就是大量地阅读与积累。如果你的语文功底比较弱，阅读理解能力有限，掌握的字词句很少，看过的书也不多，那么你就需要大量地阅读与积累，慢慢提高自己的语文基本功。这是需要花大量时间的，没有捷径可以走，当阅读量达到一定程度，量变才能引发质变，因此很难一蹴而就。所以，我希望大家能趁早开始阅读与积累，最好不要有这方面的问题。当你把语文的基本功提上来后，语文成绩会提一大截。

第四章

提分的重点：好摘的果子一定要先摘

如果你的语文要提到更高的分数，尤其是在中、高考中拿到高分，那么你要做第二件事，就是对中、高考考试的板块有针对性地学习。虽然语文学的东西和考的东西看似都很主观，也浩瀚无边，但本质上，语文考的东西就是这几个板块：语言基础、现代文阅读、文言文、作文。因此，你需要针对这些板块进行针对性学习和训练。比如，文言文你就需要像学外语一样去精读，总结文言文的出题规律；作文你需要根据中、高考作文的要求，常出题目的特点，还有给分规则，进行针对性训练。当你这样按照板块进行专项学习和练习以后，你的语文成绩就会到达一个更高的层次。

这里特别要说明一点，语文学的和考的知识，确实不如数学和英语那么确定，它不会像英语、数学那样，知识点学会了，分就能得到。因此在执行的过程中，语文的提分会很容易出现跑偏、学习精准度不够的问题。因此，语文的提分效率，从某种程度上来说,的确要低于数学和英语。

因此,从提分效率的角度,英语因为东西少而且难度不是很大,提分效率最高;数学虽然提分确定,但要学的东西多而且难度大,效率会比英语低一些;而语文的提分效率其实也不低,只是它考的东西不太确定,所以比英语和数学相对难一些。不过只要你按照"积累功底和板块学习"的方法进行学习,提分效率也会变高。

提分顺序:英语、数学直攻提分,语文采取两步行动

对于三大主科,有这样一句话:你的数学和英语成绩,决定了你是普通学生还是学霸;当你成为学霸后,你的语文成绩,决定了你是学霸还是学神。

这句话怎么理解呢?就是说如果你想要成为

第四章
提分的重点：好摘的果子一定要先摘

学霸，数学和英语成绩必须要达到接近满分，如果你做不到，那么你就进入不到学霸的行列。如果你想成为学霸中的学霸，或者说你想考入"清北"，那就是语文的竞争了。因为数学和英语分数大家无法拉开差距，如果你的语文好，那你就能上"清北"；如果语文差一点，那就只能考其他的"985"大学。

的确如此，我在前面说过多次，我采访的"清北"学生中，数学与英语的分数绝大多数都是145分以上，很少有这两科低于140分的"清北"学生；而语文成绩，大家的得分80%都是在120多分，基本区间是123~128分之间。虽然超过130分的不多，但是低于120分的也很少。

我们结合现实数据，以及上面分析的三大主科提分空间以及提分效率，大家可以这样安排这三科的提分顺序。

把英语的分数先提上来。英语提分空间大，

效率高,难度还小,而且还可以提前学习。所以,可以先把英语的分数提上来,这样相当于率先拿下一个科目,后期可以省下更多时间攻克其他科目。

接着提数学和持续积累语文基本功,这两件事可以同时进行。因为数学提分空间大,但知识多也有难度,因此要花的时间会久一些。所以,在搞定英语后就可以进入数学提分的学习,步步为营,稳扎稳打。另外,语文提分的第一件事,积累语文基本功,这个也需要时间。这两个积累的过程可以持续进行,不间断,但也不用猛烈使劲。

中、高考语文板块提分。这一步很关键,当你的语文基本功扎实后,就可以针对中、高考的题型,进行板块的提分学习了。一定要结合中、高考的题型和答题规则来进行,这样才能真正让你在中、高考中的得分最大化。

当然,还有另外一种可能,如果你在三大主科中,有自己明显的优势科目和偏科,那就是直接提偏科,更有效果。

第14招　出击专项
集中发力一次拿下一片

前面两个部分，我们是在科目的层面上讨论如何快速提分。那么在一个科目内，我们怎么做才能快速提分呢？很简单，按照"板块提分"的方法，从四处下手，就能起到一提提一片的效果。在这一部分，我们就来具体讲该如何去做。

强攻弱点提分

前面我们讲到，成绩较弱的科目是最容易提分的，因为提分空间大。

第四章
提分的重点：好摘的果子一定要先摘

同样的道理，在你成绩不是特别好的科目里，一定有相对薄弱的地方，就是因为这些薄弱的地方导致你分数整体上不去或经常失分。因此，如果想快速提升这一科目的分数，"强攻弱点"就是一种见效非常快的方式。

比如，你的数学成绩不好，是因为你几何的部分没有学明白，失分也大都在这里。那么毫无疑问，你用一段时间专攻几何这个板块，你的成绩一定会提分很快。

强攻弱点提分，这里有两个重点，一是如何找到弱点，二是如何攻下弱点。

首先，找到自己的弱点。在《极简学习法》这本书的"精准自查"部分，我专门讲了如何找到自己的学习问题。比如我们可以对着教材目录进行"清单自查"，也可以在考试后根据考卷的失分情况进行"精准分析"。具体怎么做，大家可以参看《极简学习法》这本书。

其次,如何攻下弱点?方法也很简单,本质上和偏科提分的方式是一致的。偏科提分我们讲到的核心是"用熟悉的方法解决不熟悉的问题",成功率很高。那么科目内针对弱点的强攻,也是同样的方法。偏科提分我们讲到要利用大块时间集中学习,那强攻弱点也是同样的道理,时间会更短,一个小长假或者连续几个周末就够了。

易得分板块提分

强攻弱点提分,是从自身的情况出发找到提分点。易得分板块提分,则是根据科目本身的特点进行提分。这种方法非常适合对科目整体掌握都不太好的情况。

不管哪个科目,其实都会有一些相对简单的部分,掌握起来很容易。所以,想快速提分可以先从这些部分下手,这就好比老师教我们的"先易后难"答题技巧。

这种方法无须多言,你找到这个科目中相对简单的部分,直接去学习即可。如果靠自己无法分辨难易,就问问同学或老师。关键是,你要知道,提分也要从容易掌握的部分开始。

易得分题型提分

易得分题型提分方法,是从考试试题的角度来看,分析哪些题型更容易得分。我们的终极目标是在最后考试中拿到更高的分数,那么就可以先从容易得分的题型下手。

比如,英语这个科目,容易得分的题型是阅读理解和作文,而完形填空相对难一些。如果你想要快速提高英语成绩,直接针对阅读理解和作文进行训练,提分效果会非常明显。

和英语一样,每个科目其实都有这样的特点。

比如,客观题中的选择题会比主观题更容易得分,而且每个科目的选择题有其一定的规律,你针对性地练习,就会有不错的效果。

按题型提分的方法,在文科的科目中会使用得多一些,尤其是语文和英语这两个科目。通常,这两个科目虽然学的和考的都比较主观,但是题型是确定的,因此这两科按照"易得分题型提分"的方法学习,是非常不错的选择。

针对题型,究竟如何提分,如何真正拿下一种题型。本质上来说,就是"总结方法—训练方法"的过程,具体而言就是找到这种题型的解题方法,并进行专门的训练,做到炉火纯青的地步,这种题型你就拿下了。在《极简学习法》"专题刷题"的部分,有专门的讲述。

第四章
提分的重点：好摘的果子一定要先摘

专项能力训练提分

有的科目成绩差，很多时候不是你对知识掌握程度的问题，而是你某项能力的问题。毕竟考试不仅仅是考知识，也考你学科底层的能力。我给大家讲三种非常重要也非常影响成绩的能力，大家看看自己是否缺乏。

首先，是计算能力。比如，对于数学这个科目来说，你掌握了对知识的理解和运用还不够，还要有很强的计算能力，如果你的计算能力比较弱，那么你的数学成绩也可能不好。2022年的高考数学，整体反应很难，从最终成绩看，分数普遍不太高。我和几位数学名师以及2022年考上"清北"的学生聊过，他们都反映，这套题真正难的地方是庞大的计算量，很多题目你可能会做，但做不完。针对这样的情况，很多数学老师就建议，要更加注重学生计算能力的训练。

其次,是审题能力。比如,很多同学平时学得不错,知识掌握得很扎实,但就是考不出高分。这种情况,很多都是因为"审题能力"不行。现在考试的题目越来越灵活,它不会直接考你1+1等于几,而是给你一个现实生活中的问题,让你去解。你看下面这道2019年全国I卷的高考数学题,题目很长,又是黄金分割比例,又是让你计算断臂维纳斯的身高,乍一看感觉根本无从下手,再加上高考时的紧张心理,很容易坐不住。

古希腊时期,人们认为最美人体的头顶至肚脐的长度与肚脐至足底的长度之比是 $\frac{\sqrt{5}-1}{2}$ ($\frac{\sqrt{5}-1}{2} \approx 0.618$,称为黄金分割比例),著名的"断臂维纳斯"便是如此。此外,最美人体的头顶至咽喉的长度与咽喉至肚脐的长度之比也是,若某人满足上述两个黄金分割比例,且腿长为105cm,头顶至脖子下端的长度为26cm,则

第四章
提分的重点：好摘的果子一定要先摘

其身高可能是（ ）

A，165cm B.175cm c.185cm D.190cm

其实这道题本质上就是一道有关比例问题的题目，完全不是很多人说的"偏、难、怪"题。这道题就是将简单的比例问题放到"维纳斯身高"这一应用场景当中。所以，学生解题时需要认真审题，把这个题目抽象成一个具体的线段长度的比例问题，就很容易解出来了。事实上，很多没有做出这道题的学生，他不是不会线段比例的知识点，而是审题能力不够，不能把这套题目抽象成一个具体的比例问题，导致失分。

现在考试的题目越来越灵活，很多都是结合生活实际应用，或者给你一段材料，然后就材料进行提问和答题。以前，这种现象主要出现在文科考卷上，现在几乎所有科目的考卷上都是如此。因此，这种审题能力已经是一项考试得高分的决定性能力。

　　基于这样的大背景、大趋势，你如果不具备从题目材料中提取重要信息点并快速确定答题思路的审题能力，那么你的成绩是不可能高的。

　　最后，是阅读理解能力。你现在可以在网上搜索一下高考的语文试卷，你看看试卷的阅读量有多大，你再仔细看下作文题目，材料是不是不太好懂。其实，阅读理解能力是决定考试成绩的一个非常重要的能力。如果阅读理解能力不够，你的语文试卷可能根本做不完。文章过深过长，你可能无法快速读懂，或者看了后面忘记前面，甚至看不完。如果你的阅读理解能力不好，你的英语也很难拿高分，因为英语的阅读理解题目，很多是主观题，也是需要你分析判断，有点像语文的阅读理解题；如果你的阅读理解能力不好，你的理科成绩可能也会有影响，很多同学真的是因为看不懂理科题目，导致解题出现问题。而且

第四章
提分的重点：好摘的果子一定要先摘

我们在讲审题能力时，也讲了现在很多题目都披了一层外衣，题目出得越来越灵活，你阅读理解能力不行是肯定会受影响的。而审题能力也是以阅读理解能力为基础的。

以上讲的是几种常见的影响成绩的能力。其实每个科目都有其考核的能力，或者说影响这个科目成绩的主要能力。如果你发现自己对知识的掌握没有什么问题，或者在知识上下功夫没有办法提分，那么看看自己是否某项能力出现问题了。如果是，一定要有针对性地进行训练提高。

第五章

提分的工具：
学霸提分的四个帮手

　　高效提分,离不开好工具的支持。在这一章中,我将给大家介绍"清北"学霸非常推崇,也一直坚持在用的四个好工具。

第五章
提分的工具：学霸提分的四个帮手

第15招　教材
永远是你的基础，必须首先搞定

在《极简学习法》以及本书的前面，我都强调了教材的重要性，而且也专门讲了高考中有80%都是基础题（中考比例更高）。这些基础题都是直接源于教材中的知识和例题，就是知识的直接运用，或者例题的变形。因此，只要你能够真的做到把教材吃透，这些题目你就能拿下。如果你能在高考中拿下80%的分数，你的分数就非常高了。

即使是考试中的拉分题和压轴题，也是以教材中的知识为基础，需要你进行综合应用解题。

教材就是你拿下这些拉分题的基础,因为知识全部都在教材里面,教材就是基础中的基础。所以,从整体提分的角度,你也必须首先搞定教材。

在这一部分,我将从提分的角度,给大家讲讲,我们该如何利用好教材这个最基础的提分工具。

教材提分,你要用对三种科学用法

利用教材提分,有三种科学的用法,也对应不同的成绩段。

第一种,整体系统性学习。

在"提分的阶梯"这个部分,我们讲到,当一个科目的成绩较弱,基础较差,得分低于60%时,就需要对教材进行整体的系统性学习。必要的时候还要回到之前的教材,从更早时学起。因为在这个成绩段,等于你的知识都没有完全学明白，必须从头开始学。这种情况下，我们对教材的学习，就是学习新知识，理解新知识，把知识学清楚、学明白。当你把教材上的知识都学明白了，那成绩提升是自然而然的了。

第二种，查漏补缺式学习。

当我们把全部知识基本掌握以后，教材就成为我们查漏补缺的重要提分工具。具体而言，我们可以使用如下两种方法。

第一，对着教材的目录自查补缺。具体做法是对着教材的目录，回想这部分的知识内容，如果有不清楚的地方，那就是这部分知识掌握得不牢固，需要回到教材中，把对应的地方学懂。

第二，考后查漏补缺。在考试之后，通过分析试卷找到自己薄弱的部分，再找到教材中对应的知识点进行学习。

借助教材查漏补缺式的学习，是一种精准的学习方法，成绩的提升也会非常高效且快速。

第三种,把教材当成工具书来用。

我们都用过《新华字典》,当我们遇到一个生字,就会在《新华字典》上查这个字。同样,教材也能起到《新华字典》的作用,我们也能把教材当作工具书使用,让我们把知识学得越来越牢,掌握得越来越扎实。

具体的方法就是当我们在学习过程中,只要遇到不会的问题,就翻看教材上对应的地方,把对应的知识再学一遍,来看看教材中到底是怎么讲述的,直到我们真的搞懂。这种方法,能把学知识和做题很好地结合起来,真正做到"学以致用",这样的学习效果就会非常好。

课本提分,借助外力效果更佳

利用教材提分,必要时借助外力,效果更佳。原因很简单,如果我们在学习时,教材上

第五章
提分的工具：学霸提分的四个帮手

的知识还存在问题，那就说明我们这个科目学得不是太好。如果你在学得不太好的情况下，再自学，一定是有难度的，学习的效率大概率不会太高，关键是不一定能真的学懂。你想，教材都是老师上课认真讲解的，你都没有搞懂，现在你自学，真的能完全学懂学透吗？可能性不大。

所以，这样的情况下，我建议大家借助外力。通常情况下，有两种借助外力的方式。

第一，选择优质的教材配套辅导书。

我采访过上百个"清北"学霸，只有一个学生是从非重点班考上的清华，而且，这个学生还有一个特别之处，他是自学考上的。

这个学生是从小升初的暑假开始自学的。当时，他并没有想过要一直自学，只是想提前学习初中知识。后来就一直自学下去了，直到高考。他的核心学习工具，就是跟教材配套的教辅书。

他结合教辅书的讲解，自学教材，自学知识。他说，现在教辅书都做得非常不错，如果有自学的能力，用配套的教辅书进行学习是完全可以的。他也表示，自己在整个的学习过程中，没有遇到什么特别大的困难，教辅书基本能解决他所有的问题。

所以，如果你自学教材有困难，可以选择一本跟教材配套的教辅书来作为补充，而且只要这本教辅能把教材上的知识讲解清楚，就能帮助你轻松学懂教材上的知识。市面上有很多种教辅书，你可以挑选一本适合自己的，需要时随时拿出来用。当然，如果你能有配套教材的习题练习册，或者你选择的教辅书中本身就有练习题的部分，那么学习的效果会更好。

第二，选择优秀的知识点讲解课程。

如果你是在备战中、高考，或者需要折回去学旧教材上的知识，除了直接学习教材，还有另外一种选择，就是直接听"知识点讲解课"。这

第五章
提分的工具：学霸提分的四个帮手

种方式的学习，对备战大考的帮助更直接，学起来速度更快，效率更高。

经历过高考的同学都知道，高考一般有三轮复习，第一轮复习，就是把高中所有的知识都重新整体讲解一遍。这一轮复习，就是让所有高三备考学生，能够把知识都学懂学透。但这一轮复习，很少有学校按照教材逐一进行复习讲解，而多是按照知识板块划分，复习讲解知识点。这种方式，虽然与直接学习教材不一样，但本质上是一样的，都是"把知识学明白"。

所以，如果你觉得自己教材学得还可以，或者觉得再学一遍教材枯燥无味，那么也可以选择从知识点出发进行学习。除了教辅书，你还可以选择从讲解知识点出发的网络课程进行学习。

选择这种课程，要注意如下三个要点：

第一，知识点齐全且有体系。

真的把教材吃透，从理解的角度，不仅要把

所有的知识都完全学懂,而且还要能形成体系。所以,如果我们选择用学习知识点的课程来替代学习教材,那么我们选择的课程就要符合知识点齐全和形成知识体系这两个要求。

第二,讲解透彻能反复观看。

为了确保你真的能够看懂,一定要先确认所选择的课程是否讲解透彻。

另外,课程一定要能反复观看。毕竟,很多知识不是学一遍就能明白的,有些比较薄弱的部分,你可能需要多看几次。这一点,录播课程很容易做到,如果是直播课程,一定要能看直播回放。这一点,非常重要。

第三,针对中、高考设计的更好。

我们提分的目的,是最终在中、高考中拿下高分。因此,这类知识点的课程,如果是针对中、高考设计的,学习起来效果会更好。

通常针对中、高考设计的课程,在讲解完知

识点后，会有针对性的练习。会讲在中、高考时，这个知识点会怎么考、真题分析、重要程度是怎样的等与中、高考有关的信息。

如果是这样的设计，就能够让你在学习知识点时直接与中、高考结合起来，学习就会有的放矢，更有针对性。

当然，如果你觉得以上两种方式对你来说都有点困难，那么你也可以寻找合适的辅导班进行学习，毕竟有老师给你讲解，学习难度会更小。

教材提分，避免眼高手低很重要

我曾经采访过一个高一时成绩年级垫底，最后逆袭考上北大的女生。在她刚开始发奋学习的时候，她很受打击，因为她发现，那些练习册上的数学题，还有考卷上的题目，她真的很难搞懂，一度想放弃。后来，她认清现实，选择从教材上

最基础的东西开始弄懂,就这样,她每天学懂一点,每天都能多做出一些题。看着自己一点点的进步,她越来越有信心,最终考上了北大。

很多学生在提分时,会眼高手低,根本看不上教材。认为教材上的东西很简单,没有什么好学的。

可现实情况并非如此,很多同学根本没有做到把教材上的全部知识学懂学透。很多同学觉得自己搞懂教材了,其实很有可能是假懂。教材主要是老师给我们讲解,在课堂上你听懂老师讲的了,不代表你自己真懂了。

这种情况很常见,上课能听懂,但是做题就不会,这就是"假懂",非常典型的眼高手低。关于"假懂"为什么会形成,以及怎么解决,在本书的"提分的陷阱"部分,会专门讲到,在此不赘述了。

绝大多数同学是没有做到"真懂"教材的。

第五章
提分的工具：学霸提分的四个帮手

所以，在利用教材提分时，大家一定要杜绝眼高手低，一定要务实，做到教材上所有知识点都完完全全弄明白，不能有任何遗漏。我曾经采访的一位来自衡水中学的学霸，他曾以衡中第一、全省第二的成绩考上北大，他说他最重要的学习方法就是"颗粒归仓"。意思是他绝对不会让自己的任何知识点有漏洞，教材上的每一个地方，任何一个字，哪怕是小字，都会完全搞懂搞透。他这么做的道理很简单，如果高考时一道大题刚好是考小字的内容，那就是 10 多分，这可和这个知识点在教材中的哪个地方没有关系。

第16招 错题本
让错题不再错,99%的"清北"学霸都会用

我采访过的"清北"学霸,几乎每个人都会使用"错题本",甚至很多学霸把错题本当成他们最重要的学习工具。为什么错题本这么重要呢?有一个北大的女生对错题本的讲述非常有代表性,她是这样说的:

学习的过程本质上就是从不会变会的过程,把自己不会的地方找出来,再把它学会就可以了。而错题就是你不会的地方,你把错题整理出来,

第五章
提分的工具：学霸提分的四个帮手

然后不断地研究这些错题，一道道地研究，这样错题本上的错题就会越来越少，错题本就会越来越薄，因为越往后会得越多。所以，我每次考试前，看看我的错题本就行。

这位北大女生说得非常有道理，但是否所有学生都能像"清北"学霸一样，使用错题本学习呢？本质上来说是可以的。只是我们在真正使用错题本学习时，需要做一些适合我们的调整。

为什么呢？因为能考上"清北"的学霸，他们不会的东西不多，所以错题也不太多，他们整理错题本，把每个错题粘贴或抄写在错题本上是完全可以的。但是对于很多学生来说，这么做不现实，因为不会的太多了，如果像学霸那样整理错题本，可能要把整个教材或者整个练习册以及考试卷子上的题目都抄一遍。所以，对于错题本这种提分工具到底该怎么用呢？有一个清华的学

霸推荐的方法非常有价值,而且实操性很强,我分享给大家。

成绩较弱时:不需要错题本

错题本的本质,是要"让错题不再错"。

所以,当你成绩较差时,不需要错题本,因为你不会的东西太多了,做错题本不太现实。

你真正要做的,或者要关注的不是从错题出发,而是如何把知识本身学明白。前面,我们讲了在得分低于 60% 时,我们应该怎么去提分,大家照着做就可以了。

记住,这个阶段一定不要学学霸做错题本,不然你的时间会全部花在抄写、粘贴错题上,而且你做了也是白做,因为你大部分的知识都还没有学明白。

第五章
提分的工具：学霸提分的四个帮手

成绩中等时：导航式错题本

当你的成绩已经达到中等，得分率接近80%时，说明你的知识学得还可以。与之对应的，在你做题时也不会出现大多数题目都不会做的窘况。这时候我们就有整理错题的必要了。但是我们要用一种更适合自己的方式，就是做"导航式错题本"。

"导航式错题本"是什么意思呢？就是这个错题本不是记录所有错题的，而是用来当作一个"导航"，记录我们的错题都在哪儿，像目录一样。举例来讲，在你的数学导航错题本上，你可以记录，你错题所在的地方，比如在教材上的哪一块，练习册上的哪一页，某张考卷的第几道题；当然，你也可以记录这些错题答错的原因，以及之后你需要怎么做。你也可以选择在"导航错题本"上只记录错题的地方，至于这道题的具体答错原因

以及接下来的处理方法,可以写在这道题的旁边。大家可以根据自己的情况选择使用。

当你得分率接近 80% 时,已经没有大面积错题了,这时你的核心学习过程是查漏补缺,一个个消灭不会的题来精准提分。不过错题依旧不少,整理全部错题也会耗费很多时间。所以,采用"导航式错题本",既整理了错题,又不花费太多时间。

成绩冲顶时:真正的错题本

当你的成绩有了显著提高,没有太多错题时,我们就可以做大家传统意义上说的错题本了。接下来我们讲怎么做错题本。

每个人做错题本的方法都是不同的。我总结了多位"清北"学霸的做法,整理出了一个通用的方法。

第五章
提分的工具:学霸提分的四个帮手

错题本上记什么错题

错题本,就是要记错题,但不是所有的错题都需要记,而是要有选择的记。

一定要记的错题:

典型的题目:出现的概率高,有代表性的题目。这是一大类的题目,你必须记录下来并且掌握,掌握之后,分数会有明显的提升。

常错的题目:自己出错概率很高的题,一定要记下来。

会做的题目:原本会做,但因为各种原因做错了的。这类题出错很可惜,记录下来,以后多注意,让自己完全拿下这类题的分数。

不用记录的错题:

偏、难、怪题:这类题目不典型,不属于你掌握的范围,出现的概率也低,可以不用记录。

完全超出自己能力范围的题:这类题虽然属

于你要掌握的范围，但是现在超出了你的能力。这时，你的关注点不应该在这类题上，而是先把自己能力范围内的题目搞定，然后再回到这类题上，记录错题不能跳级。

整理完错题之后怎么办

整理完错题之后，该怎么处理错题呢？很多人肯定会说，把错题做会啊，这不是很显而易见的事吗？

毫无疑问，的确是要先把这道题重新做出来，然而，当你会做后，你的学习任务才刚刚开始。你需要分别在第二天、两周后、考试前，这几个时间点把这道题再看一遍。到大考前，你至少要把这些错题看3次，才能做到真正掌握。

第二天看，是因为这是你新会做的题，可能还不太熟练，拿出来看自己是否还会。更重要的是，趁热打铁，加深印象，如果时间隔得太久再去看，容易忘记。

然后是两周后拿出来看。这一遍的作用，就是防止遗忘，再熟悉一次，甚至再做一遍，做到真正的永久性掌握。如果担心记不牢，你也可以每周都拿出来看一遍。

最后是考试之前看，自己做错的题是复习的重点。我采访过的一个北大女生就说，她考试前，就只看自己的错题本，其他的都不看。

错题本要记的几个关键要点

记错题本还有几个关键要点，是我们需要注意的。

第一，错题本要越记越薄。已经完全掌握了的错题，就完成了使命，可以从错题本中去掉了。所以，错题本尽量使用活页本，方便处理。

第二,错题本要记录错题的原因,以及要做的事。当你记录一个错题时,需要记录下自己当时做错的原因。当然,你也可以基于错误的原因,标记出接下来要做的事情,这样就能从根本上消灭这个错题。比如,知识点不熟,需要再熟悉知识点。

第三,对错题进行分类。在你记录的时候,每个错题都有自己的错误原因,比如粗心、知识没有学明白、解题思路受阻等。你记录了一定量的错题后,需要对错题进行分类。不管你是按板块分类,还是按错误原因分类,都可以。重要的是一定要分类,当你做了分类总结,就能做到一次性解决一类错题,或者消灭一类错误。

第五章
提分的工具：学霸提分的四个帮手

第 17 招　真题
提分的王牌工具，做到"四做三悟"

真题是中、高考绝对的"王牌工具"。道理其实很简单，我们最终是要参加中、高考的，往年的中、高考真题是最接近我们中、高考时的答卷的。因此，吃透真题，是一件我们必须要做的事。在这一部分，我来教你用"四做三悟"的方法充分利用真题的价值，让你神速提分。

真题四做

真题四做,就是真题至少要做四遍,而且每一遍的做法和做的时间都不一样,当然作用也不一样。

第一次做:复习前做

第一次做真题,就是在总复习前做。

在总复习开始前,拿一两份最近几年的真题,按照中、高考真实的时间和要求来做题。大家不用担心做出来的成绩不好,没有关系。因为这次做真题,核心就是让大家提前了解中、高考的要求,熟悉考题形式,对中、高考的考卷有一个基础认知,消除陌生感。这样在整个学习或者复习阶段,就能做到心中有数。

在做完真题卷后,我们要对自己做的卷子进行认真分析,找到问题所在,发现自己与中、高考试卷的差距。据此制订合理的学习或者复习计划，这样我们的学习就能做到"精准输入"，学习效果自然更佳，使我们最后拿到高分。

总体来说，这一次做真题是在所有知识学习完后做，但不同科目也会有一些差别。比如，理科科目，就必须按这个节奏来，否则做真题就起不到检测自己水平、找到自己学习问题的作用；但对于语文和英语这两个科目，无须等到所有知识都学完，因为这两个科目其实和年级的关系不太大，不太存在哪些知识学了，哪些没学的情况。所以，这两个科目可以在进入初中，或者刚进入高中时，直接做真题，这样就能提前感知中、高考的考题，也能直接制订针对中、高考的学习计划，这样提分效果更明显，学习更有针对性。

第二次做：复习中做

第二次做真题，是在整个复习阶段中做。针

对中、高考的复习,基本都是按照知识板块逐个进行的。那么,我们在复习知识的过程中,就可以有针对性地做基于这部分知识的真题了。当然,在做的时候,我们不限于只做最近一两年的真题,而是最近十年的,甚至高质量的模考题也可以做。一方面,是了解这部分知识在真题中的出题规律、考查方式;另一方面,也可以通过这些题目,来总结答题规律。通过这两步,你就能做到对这部分知识的真正掌握了。毫无疑问,也会给你的备考多一份信心。而且当你在中、高考的考场上遇到这部分知识的题目时就不会有陌生感,你可以利用平时总结的答题方法很轻松地做出来。

如果在后面的复习中,有针对某个板块或者某类综合题目的专题复习,你可以把真题当成检测自己的一种工具,也可以通过真题总结这类题目的出题规律和解题方法。

第三次做：第一轮复习后做

第三次做还是做整套卷，这次做的方式和目的与第一次相似。你在第一轮复习结束后，需要整体检测自己的复习效果，看自己还有哪些问题没有解决。这时你可以再拿出真题来做，当然，还是做一两套即可。做完后，找到自己的问题，制订下一阶段的学习计划，哪里薄弱就在哪里下功夫。

第四次做：临考前做

在中、高考的第三轮复习后，再做一次真题，这一次相当于模拟考试了。这时我们可以严格按照中、高考的考试时间等一切要求来进行模拟考试，提前感受中、高考。当然，你也可以结合学校的模拟考试一起进行。

我们需要通过这个步骤熟悉中、高考的考试场景，这样等我们上考场时，就不会陌生，尽可能地减少突发情况对考试的影响。还有一点非常需要注意，就是你要在模拟考试中，找到自己各科的答题节奏、答题顺序等，尽量优化出一个最佳状态。比如，我采访的一个考上北大的男生，他在考英语时有个习惯，做完完形填空后，他会在考场上睡十几分钟。因为英语考试是在下午，比较困，他小睡十几分钟会让自己更有精神，后面做题时头脑更清醒，答题更高效。最后，他高考时也是这么做的，只不过还没到十分钟他就被监考老师给叫醒了。当然，这是个别情况，他能掌控好自己的时间，并不是建议大家都这么做。

另外，在这一步，我们做考卷或者学习时，都尽量对应中、高考考试的时间进行。比如，数学考试是高考第一天的下午，那么数学的学习和模拟训练，就尽可能都放在下午。这样就能让你的大脑习惯"在什么时候做什么事"。

第五章
提分的工具：学霸提分的四个帮手

真题三悟：命题周期、题型套路、整体布局

做真题，不能简单地把题目做完就完了，需要做到"三悟"，把真题的价值发挥到极致，这样我们最终的分数就会很高。

一悟：命题周期

悟出命题的周期。虽然中、高考已经规定了要考查的知识点，但毫无疑问，不可能所有的考点都会出现在最终的考卷上，一定是有些经常考到，有些偶尔考到，有些甚至从来没有考过。

所以，不同的知识点，在每一年的中、高考中，所占的比重是有变化的。根据不同知识点的考频规律，我们把经常考的考点叫"常考点"，隔年或者隔几年考一次的考点叫"轮考点"，而考得很少，甚至从未考过的考点叫"冷考点"。我们需要把不同考点的"考频"总结出来，这样

我们就能够知道不同知识点的重要程度了。你在复习时，就能分清主次，区别对待不同的考点，这样的备考就会更加高效。

二悟：题型套路

中、高考虽然每年出的题目看起来都不一样，但都是有一定规律可循的。我采访过一个考上清华的辽宁考生，他说为什么现在高考成绩越来越高，700分可能也上不了"清北"，本质的原因就是现在的老师和考生"历史经验"越来越丰富。这么多年的积累，都已经把出题方式基本摸透了，能出的题目，都在大家的预料之内，都提前练习过了，自然得分就高。一个考上北大的衡水中学学霸也说他高考的时候，感觉每道题都做过。

为什么会出现这样的情况呢？由于考纲的要求，每套卷子能考的知识点是有限的，虽然不同知识点之间可以组合出题，但排列组合的方式是有限的，而且历年真题可以反复分析，自然能发现其中的规律。每年新出来的考题，为了保持稳定性，本质上和最近几年不会有太大变化。所以，考生的成绩越来越高，而学霸会觉得高考时每道题好像都做过。

我们在分析真题时，需要去总结出题的规律，分析真题的变式、拆分、组合偏好，找到真题的"命题密码"。当然，我们也要总结答题的套路，不管是文科还是理科，都是有答题和解题套路的。

当你做完这个工作，你就相当于已经预知了一部分考试真题，而且还提前做出来了。你说，这是不是会让你的中、高考成绩大大提高呢？

三悟：整体布局

当你对命题考点、题型以及解题思路进行分析时，你对真题就有了一个更新的认识。这时你可以站在更高的层面来分析中、高考的整体趋势，

把握中、高考的整体考查方向。

你可以先逐科研究,然后再分析整体趋势。有条件的话,还可以做一些具体的统计,结论会更准确。你会发现现在的题目越来越灵活,材料题越来越多。

从整个中、高考的角度来分析,具体可以从以下两方面进行。

分析科目间的变化。比如,2022年高考数学的难度有明显提升。总结历年高考数学难度之后,你会发现高考数学的难度在逐年加大,与此同时,其他科目的难度变化不大。从这里就能看出明显的趋势,高考在通过数学拉开分距。你如果想要上名校,就需要在数学上下更大的功夫了。

分析科目间的共性。比如,现在每个科目,对知识点直接考核的题目越来越少,而是越来越倾向于与实际应用结合的题目。那么,你就可以得出现在整体上更注重对知识应用的考核这样的结论。所以你在备考时，就不能只学死知识，需要加强对知识应用的训练。

你还可以从其他的角度对中、高考题目进行整体的趋势分析。

我相信，通过以上的"三悟"，你就能把真题的价值发挥到极致。可能很多同学会说，我没有这个能力去悟这么深，总结这么多。这里我想说，首先这"三悟"没有多难，你勇敢去做，就会发现很容易。如果你实在不想自己去悟，你也可以去看你的老师或者网上对真题的总结和分析，这样慢慢就能自己悟了。

第18招 参考答案
逼近且拿稳高分的"隐秘武器"

对于提分,还有一个被很多人忽略但能稳拿高分的"隐秘武器",那就是参考答案。

为什么呢?因为我们中、高考的分数,都是由我们写在考卷上的答案决定的。所以,你把知识点都学明白了很重要,但你的分数高低是由你写在考卷上的答案质量决定的。

简单来说,即使你学得很好,如果不会表达,不擅长写答案,你的答案没有体现出真实水平,就会很吃亏。相反,如果你能把你最好的水平呈现在答案上,懂得一些作答技巧,那么你的分数

第五章
提分的工具：学霸提分的四个帮手

就会超过你本身的知识水平。

你现在肯定知道擅长写答案的重要性了。那怎样才能变成一个"擅长写答案"的人呢？

这里，就涉及一个重要的提分工具：参考答案。

为什么这么说呢？因为参考答案就是"满分答案"。如果你能好好地研究参考答案，不断练习，让自己写的答案无限接近标准答案，那你就能拿下高分，而且是很确定的高分。

我们该如何研究参考答案，并练习写出接近参考答案的答案呢？其实，在《极简学习法》中，我专门全面地讲了"参考答案学习法"。在这里，我给大家概述一下，主要注意以下三个要点。

第一，你需要找到高质量的参考答案。

这个很简单，真题的标准答案，或者是高质量模拟题和辅导书的参考答案。

第二，学习参考答案的三个关键点。

虽然参考答案千差万别，但核心是三个关键

点,分别是答案结构、得分点以及学科术语。模仿答案结构能给你的答案建立一个很好的框架;得分点是直接让你能得分的,因为考试都是"踩点"给分,或者按照关键步骤给分;积累学科术语是让你写的答案看上去更专业。

第三,按照"答、看、修、答"这四个步骤进行学习。

第一个"答",就是直接来作答;"看",就是对照参考来看,找到自己哪些地方与参考答案不一致;"修",就是根据参考答案来修改,直到和参考答案一致;最后是"答",就是自己再作答一遍,看能否做到与参考答案一致,如果不能,那就按照这几个步骤再来一遍。当然,第二遍"答",可以过几天再进行,如果过几天后还能写出和参考答案一致的答案,那就说明你真的掌握了。

第六章

提分的时间:
巧用时间,学霸提分效果事半功倍

提分的效果,与时间的使用有非常大的关系。不同的时间,我们采用不同的使用方法,就能让提分的效果最大化。在这一章,我们就专门来讲,如何使用时间让提分效果事半功倍。

第六章
提分的时间：巧用时间，学霸提分效果事半功倍

第 19 招　重组时间
为了提分，你可以打破一切限制

先给大家讲几个真实的故事，都是我采访过的"清北"学生的故事。

第一个故事的主人公是一个宁夏男生。他的成绩一直不错，上的高中也是宁夏一所很厉害的中学。但是，他在高一、高二时的成绩，还没有好到可以上"清北"，他之前的理想大学是北京邮电大学。在学校高考百日誓师大会上，校长的讲话和当时的氛围，对他有一种莫名的触动，他觉得自己应该为了高考拼一次。在此之前，他的学习是按部就班的，没有做额外的努力。而现在

他不想继续原来的样子了，毕竟高考应该来点不一样的。于是，他开始制订学习计划。他没有完全按照学校的复习进度学习，尤其是到了高考前30天时。他感觉在学校学习提分有点慢，就向学校申请回家自学，得到了老师和家长的支持。其实，当时他的成绩已经在提升了，一直到高考前，他的目标大学早已从北京邮电大学改为同济大学。但因为最后一个月他完全按照自己的情况学习，最终考上了北京大学，而且理综分数排名是宁夏回族自治区第二。

第二个故事的主人公是一个考上北大的女生。虽然她是一名理科女生，但她的语文和英语成绩非常好，而且英语在初中毕业时就达到了高考英语140分以上的水平，语文也是一贯的优秀。为了冲击北大，她还需要将数学成绩提上来。于是，她把高中三年的英语课都用来学数学，做数学题。最终高考成绩，语文、数学、英语的分数

第六章
提分的时间：巧用时间，学霸提分效果事半功倍

都非常高。

第三个故事的主人公是一个高考数学满分的女生。在文理分科之前她一直想学理，因为她的数学成绩和理综成绩一直都不错。其实她文科成绩也可以，于是在分科的时候老师建议她选文科。老师的理由很简单，理科尖子生数学好是标配。但是作为文科生，数学成绩好的优势是非常突出的，就这样一直打算学理的她成了一名文科生。她高考时，刚好文综和语文都比较难，大家分数普遍不高，而她数学考了满分，优势一下就凸显出来了，最终顺利考上了北大。在考上"清北"以及其他名校的学生中，有好多文科生都是因为数学成绩好选择了文科，这样更有利于他们上名校。

第四个故事的主人公是一个重庆女生。她是她所在高中建校几十年来第一个考上清华的。她所上的高中并不是重庆最厉害的高中，此前一直没人考上过"清北"。但她依然有一个"清北"梦。

可遗憾的是，直到她进入高三，成绩和"清北"还有非常大的距离。所以，她采用了一种与众不同的策略。在高三期间，她基本全程都在校外上课，父母给她每一学科都请了高考一对一名师。就这样，她成为所在高中考上清华的第一人。

讲这四个考上"清北"的学生的故事，目的就一个，就是想告诉你："你可以为了成绩合理规划自己的学习，安排自己的学习时间，只要对你的提分有用，在能够被允许的范围内，都要大胆地去做。"其实道理很简单，每个人的情况是不一样的，学校的教学计划是统一的，可能恰好适合你，也可能不太适合你。你有必要也应该找到最适合自己的学习方式，最适合自己提分的时间安排。你不用在意既定的寒假暑假，也不用在意工作日和休息日的一切时间安排。只要能够在中、高考中拿下高分，你可以打破一切"既定"的时间概念。

第六章
提分的时间：巧用时间，学霸提分效果事半功倍

在我采访的考上"清北"的学生中，有两个是我个人认为特别极端的个例。一个是我此前讲过的，从小升初的暑假开始自学，靠自学考上清华的河南男生；另外一个是因为一些客观原因高一、高二都没有上学，高三一年完全靠老师补习考上北大的男生。

我说这些，不是鼓励每个学生都要脱离学校的教学安排，而是告诉大家我们可以在保证学校统一学习的基础上，合理安排可支配的时间。每天除了学校固定的上课时间，其他比如早晚自习、放学后的时间、周末、小长假、寒暑假等都是你可以自由支配的时间。我曾经做过一个统计，大部分情况下，一个高中生可支配的时间，总量是大于正式的课堂时间的，也就是说你有足够的时间和自由度来安排自己的学习。关键是，你要有这个主动意识，把时间利用好。

第20招 暑假寒假
大块时间，学霸都在这样提分

网上流传着一句话：不怕班里有学霸，就怕学霸过暑假。本来你和学霸的期末考试成绩相差不多，但过了一个寒假或者暑假，再开学考试，学霸的成绩就超你一大截，这是为什么呢？

因为，学霸都在利用寒暑假悄悄地进行大幅度提分。寒假和暑假，是我们学习过程中非常难得的大块时间，我们可以利用起来集中力量办大事。我采访过的"清北"学霸，虽然他们寒暑假做的事情不一样，但是大多都在做以下四件事。你也可以在寒暑假通过做这四件事来提分。

第六章
提分的时间:巧用时间,学霸提分效果事半功倍

复习上学期的内容

我们每天都在学习新内容新知识,难免会有一些科目学得不太扎实,或者即使当时学懂了,但时间长了又不明白了。

那么,在寒暑假期间,我们就可以把上学期学过的各个科目都整体复习一遍,特别是将没学明白的科目拿出来重点复习,把不清楚的地方搞懂。将学明白的科目也复习一遍,做到温故而知新。

通过寒暑假的复习,你就能真正掌握上学期的知识了。在这个基础上,我们可以开始下一件事。

预习新学期的内容

寒暑假还有一个非常重要的任务,你不能不完成,它对成绩提升非常有帮助,那就是预习新学期的内容。

当你复习了上学期的内容后,肯定对上学期

的知识已经掌握得差不多了。这时,你可以找来下学期的教材,整体预习一遍,学霸都会这样做。

当你有了这一遍预习后,你对下个学期的内容就熟悉了。当新学期上课时,你有了先发优势,学习难度降低了,自然就容易掌握透彻了。而且因为你预习了,你在课堂上肯定也会表现得更加积极,更加主动,和老师的互动也会更好。这样,你整个学习状态都在一种良性的正循环中,你的整体学习效果自然会更好。

攻克偏科和难点

在偏科提分部分,我们专门讲了补偏科要安排在大块时间,寒暑假就是非常好的时机。因为偏科说明你对这门科目的知识有欠账,平时的时间搞不定,寒暑假的大块时间就是你补上偏科的绝佳时间。这个在偏科学习部分有专门讲述,这里不再赘述。

同样的道理,你也可以把学科难点部分的学习安排在寒暑假集中攻克。

集中拔高学习

补偏科和难点,这是还之前的旧账。你也可以利用寒暑假的大块时间,对自己的学习进行集中拔高。

在本章的第一个部分我就讲到,我们可以根据自己的情况合理安排时间,可以打破一切限制,只要能使成绩提分就行。

寒暑假就是你可以利用起来的重要时间。提前学习某个学科,或者对某个科目进行拔高学习。

所以,对于成绩优秀的同学,寒暑假就是拔高的绝佳时间,一定要利用好。

第21招 衔接时间
学段衔接期,三招实现大超越

有一些同学,小学和初中的成绩一直都很好,但是一升入高中,成绩一下就掉下去了,甚至整个高中都没赶上来。

这种情况的出现,主要是因为没有做好学段间的衔接。如果利用好学段间的暑假,然后过渡到新的学段,学生不仅能够保持成绩不下滑,而且还能提分。

所以,提分还有一个关键时间段,就是小初高之间的衔接时间段,即"幼小衔接""小初衔接""初高衔接"这三个时间段。

第六章
提分的时间：巧用时间，学霸提分效果事半功倍

为什么学段衔接期是提分的好时机？

第一，新的学习内容。

我们知道小初高各科目的教学重点是不一样的，因此教学本质也会有差别。有些科目不同学段之间关系不大，也就是说，即使你在上一个学段学得不是特别好，也不影响下一学段的学习。所以，新学段的开始，意味着你可以丢掉一部分包袱，轻装上阵。

第二，新的学习环境。

升入新的学段，你会进入新的学校，认识新的老师、同学。进入新的学习环境，也是一个人改变的好机会。拥有新的学习氛围，养成新的习惯，给自己一个全新的开始。

第三，新的学习状态。

到了新的学段，我们的心智更成熟了，新的学习环境也会使我们的心态和心理发生变化。可

能原来对学习不上心的同学,升入高中就会感受到高考的压力,进而产生学习的动力。学段的升级,也会给学生的学习状态带来改变。

以上的三个"新",既是机会,也是危机。不管是新的内容、新的学习环境,还是新的学习状态,如果你能利用好,朝着正向发展,那就是你的机会;反之,会给你的学习带来负面影响。

如何才能让我们在新学段"朝着正向发展"呢?需要我们做好三件事:补弱、补漏、超前。

做好三点,衔接期从根上提分

补弱

这一点非常好理解,和寒暑假一样,查漏补缺。如果你在上一个学段有没学明白的知识,那你就要利用衔接期的暑假,把之前整个学段薄弱的知识点补上来,尤其是那些与下个学段联系紧密的部分,要让自己做到不欠账。

补漏

在网上有小学家长说:幼儿园老师不讲拼音,小学老师默认大家都会了,也不教。我家孩子没上过幼小衔接班,什么都不会,上一年级后,变得很被动。

学段间衔接,很容易出现"三不管"的情况。就是有一些知识,上一个学段老师认为这个知识是新学段的知识点,就不讲了;而新学段老师认为这个知识点是上一学段应该掌握的,也不教。结果就会出现知识漏讲的问题。

这种情况很常见,因为每个学校都有自己的教学特点和体系,难免出现问题。

因此,为了避免这种情况的发生,在衔接期的暑假,可以专门听学段间的衔接课。通常这种衔接课会覆盖这些连接处的知识。当然，如果不上衔接课，自学也可以。不管哪种形式，切记一定要补漏。

超前

升入新的学段，一般学习的强度和难度都会加大。我们具体来看，从幼儿园到小学，是从玩乐学习状态到正式开始学习的提升；小学到初中，科目数量增加，难度也随之提升；初中到高中，科目难度倍增，而且还有了高考压力。

每个学段知识的难度和学习强度都会提升，如果一成不变地按照前一个学段的学习状态和强度进行新学段的学习，大概率会出现跟不上的情况。

在这样的情况下，应该在学段衔接的暑假，做一些超前的学习。如果不能做到每个科目都如此，至少几大主科，还有像物理这种普遍认为难度较大的科目要做到把新知识预习一遍。这点非常必要,会大大降低你进入新学段后的学习难度,让你能很快适应新学段,跟上整体的节奏和步伐。这就给整个学段的学习开了个好头。有一句话叫"良好的开端是成功的一半"。

第22招 课堂时间
主动出击式学习,一个小动作成绩猛增

对于提分,还有一个很重要的时间,就是课堂的 45 分钟。如果你能把课堂 45 分钟利用到极致,那么你的成绩提升就会很快。

在《极简学习法》中我讲到了有关课堂学习新知的"夹心饼式学习法",即做到"课前预习、课中有目的地听讲、课后复习后再做题"。这也是我希望大家都要养成的良好学习习惯。

"夹心饼式学习法"主要是针对新知的输入。另外,对于非新知输入的课堂,尤其是复习

第六章
提分的时间：巧用时间，学霸提分效果事半功倍

阶段，我们可以采用"主动出击式"课堂学习法。你只需要做好一个小动作，成绩提升效果就会非常明显。

"主动出击式"课堂学习法，是考上北大的严丽（化名）同学非常推崇的一种学习方法。具体做法就是，在课堂上，我们应该主动出击和老师互动。

具体而言，就是老师在讲到一个知识点时，你就马上复述一遍。这样做的目的是，让你加深对知识的理解，更有利于你对知识的掌握。此外你还能使自己紧紧地跟着老师的讲课节奏，时刻保持专注状态，这样的学习效果会更好。

当老师与大家互动时，你就马上"主动出击"回答老师的问题。比如，老师说："那为什么长三角的经济非常发达呢？"这时你可以大声说出你的想法。记住，不用举手，你要和老师进行主动出击式的互动。这样做，老师就会听到你说的

答案。你如果说对了会得到老师的肯定，如果答错或者不准确，老师会给你纠正，这样你在课堂上就把问题消灭掉了，不必再用额外的时间去研究这个问题。学习效率提高，成绩提升也会很快。

大家不必担心大声复述和互动会影响正常的课堂秩序。因为老师很希望学生能主动跟他互动，而且你的"主动出击式"上课，也会带动班上同学互动起来，整个课堂氛围也会很好。

考上北大的严丽（化名）就说，她是他们班上第一个"主动出击式"上课的，后来整个班的课堂氛围都被她带动起来了。尤其是文科的课堂，有种"百家争鸣"的感觉，后来他们班上有多个同学考上了"清北"。

如果老师不赞成此种方式或造成课堂秩序问题，那就需要与老师多沟通，找到合适的方式。

第七章

提分的习惯:
学霸会坚持的四件事

在这一章，我们就来讲考上"清北"的学生，他们在学习的过程中，会坚持做的四件事。这四件事也是我们该养成的习惯，一旦养成这四个习惯，对提分会极有帮助。

第七章
提分的习惯：学霸会坚持的四件事

第23招 常常复盘
阶段性复盘学习成果，保证一直高效

在整个学习过程中，"高效"是我们一直追求的目标，保持复盘就是保证高效的必要方式。在《极简学习法》中，我们讲到用SMART法则来制订学习计划，那怎么保证学习计划完全执行到位呢？复盘就是最好的检验方法。不然，如果你提分效果不佳，又不及时做出调整，那么极有可能你是在做无用功。反之，及时复盘，找到原因，调整学习方式，就能一直保持高效。

如何在学习过程中复盘呢？可以按照三个时间点来进行，这样效果更明显。

日清：每日复盘，今日事今日毕，睡前"过电影"

我采访过一个高一时年级排700多名，最终逆袭上北大的女生。在她刚开始发奋学习时，学习压力非常大，毕竟之前很多知识都不会，现在需要一点点补，自然要付出更多的努力。她当时给自己下了一个死命令：今日事今日毕。最基本的要求是："当天的作业必须当天完成，不管多晚。而且必须是自己做出来的，不是把答案抄上去。"所以，那段时间她经常学习到凌晨两三点（她在校外租了一个房子）。当然，正因为这样的努力，让她考上了北大。

我还采访过另外一个考上北大的学生。她有一个很重要的学习方法——睡前"过电影"。她每天完成所有学习任务后再睡觉，躺在床上闭上眼睛，把今天学过的东西，都在脑海中回忆一遍，像过电影一样。这样，相当于把当天学的东西又回顾了一遍，再加深一遍印象，学习效果也很好。

首先，你要做到今日事今日毕，今天要完成的事情绝对不带到第二天。其次，按照"睡前过电影"的方式，把当天的知识都回顾一遍。当然，你不一定要躺在床上闭上眼睛回顾，可以在上床之前，也可以在结束一天学习后回顾，这个回顾相当于复盘。在这个过程中，你就能知道自己今天学习的东西是否都掌握了，如果有没掌握的，及时查缺补漏，避免遗忘。

周结：每周复盘，总结学习成果，制订周计划

每日复盘的今日事今日毕，更像是要求自己必须完成的学习任务；而睡前"过电影"，更多的是回顾，这是浅层次的复盘。

而每周复盘就不是浅层次的复盘，而是真正的阶段性复盘。之前，我们讲过要用 SMART 法则来

制订整体的学习计划,需要把学习内容拆解到具体的时间,最好是以周为单位。

我建议大家在每周日的下午,就要收起玩心,把心思回归到学习上,为下周的学习做准备。先复盘上一周的学习情况,做得好的地方保持,不好的地方优化,再根据整体情况,制订出下周具体的学习计划。当然,有一些同学在周五对上一周的学习情况最了解,那就可以在周五完成这个工作。无论是周日还是周五,复盘和做计划要一起进行,这样既连贯,又熟悉。

经过每周的复盘和制订学习计划,你的学习就能以周为单位往前推进,有问题随时调整和优化。这样就能保证你一直处在一个高效学习的状态,有问题也能随时发现,随时处理。

第七章
提分的习惯：学霸会坚持的四件事

月总：考后复盘，如何做彻底的考卷分析

月考、期中考试，这种阶段性的重要考试，是检测我们学习效果的大好机会。所以，根据考试的结果，做考后复盘非常重要。这是对我们上一个学习阶段的总结，也是我们规划下一个学习阶段的好依据。

其实，我们所有的考试都有一个重要的作用，那就是发现我们学习中的问题，并指导我们接下来的学习。所以，每次考试结束后，我们不能只关注分数，而是应该利用这次考试找到问题，以便接下来更精准地学习。

那考试后如何分析考试，怎么复盘，才能找到我们的学习问题呢？考后复盘，虽然会有很多方法，但整体来说，应该按照"先抓大，再抓深，后抓小"的原则进行。

先抓大：找到最大失分原因

就是先根据考试的情况，结合考卷，看自己整体上存在哪些大问题。针对这些大问题，找到关键着力点，这样就能先解决大问题，提分就会非常明显，事半功倍。

第一，大的知识板块漏洞。看自己失分较多的部分，是否存在大的知识板块漏洞。比如，数学分数不高，你发现做错的题目大多是立体几何，那么你的立体几何知识板块就有漏洞。

第二，大的失分题型。看自己是否存在某些题型整体失分比较严重。比如，你的语文试卷中文言文阅读得分很低，那就代表文言文阅读的题型你答得不好；再比如，你的英语试卷中阅读理解失分严重，那就代表你阅读理解比较弱。按照这种方式，找到自己失分严重的题型。

再抓深：深度剖析大失分的原因

抓大是找到大问题，发现问题的方向。当找

第七章
提分的习惯：学霸会坚持的四件事

到方向后，我们就需要更深度地分析，这些问题到底是因为什么产生的，该如何去解决。你可以从如下两个角度下手，进行深度分析。

第一，挖大问题背后的根源。

比如，你这次考试数学成绩差，是立体几何失分严重，那就要分析失分的根本原因到底是什么。是因为整体知识没有学明白，解题不够熟练，还是因为立体几何板块中某一部分知识点没弄明白，或者是其他原因。

当你进行了这样的深度分析，找到自己失分的根源所在，就有了接下来学习的方向。这样提分就会更精准。

第二，挖整体失分的原因。

大的知识板块和题型失分，能够直接在卷子上发现。但是很多时候，你的失分是全面失分，不存在某个很突出的失分知识板块和失分题型。这时候你该怎么办呢？

你需要认真分析导致你整体失分的本质原因是什么。比如,英语试卷每个部分都有失分,你分析的原因是看不懂句意,那看不懂句意的本质是你语法学得不好;再比如,数学试卷上很多题目你都知道怎么做,但写出来的答案总是容易出错,那大概率是你的计算能力不够。

所以,我们也要透过现象看到本质,找到你失分的本质原因。

后抓小:全面分析试卷查找小问题

上面两步,是解决大问题、大失分的原因。但除了这些大问题,你肯定还有其他小问题。

你需要逐题分析自己的考卷,找到除大板块、大题型之外的其他出错题目的原因,找到原因后,你要在接下来的学习中逐一解决。

特别提醒一点,有一些做对的题目也要分析。比如考试时蒙对的选择题,答题时侥幸答对的主

第七章
提分的习惯：学霸会坚持的四件事

观题，都需要分析。因为这些题目本质上你没有完全掌握，同样要当作错题来看待。

以上三步，是针对一个科目的考后分析。你可以根据分析出来的情况，整体制订下一个阶段的学习计划，核心原则就是查漏补缺，把问题一个一个地消灭掉。

做完每个科目的考后分析，你都要把各个科目进行整体分析，看看各科是否存在一些共性的问题。比如，你可能很多小失分都是因为粗心；很多难题得分率低并不是因为你不会，而是考试时看到难题就紧张；考试成绩总是起伏不定是因为你基础知识不扎实，学得不透，一知半解。

一旦你找到这些共性问题，在接下来的学习计划中，你要逐一解决掉。

第24招 常常总结
总结三大关键点,把得分变确定

如果想提分,除了按照"日清、周结、月总"的习惯进行复盘外,我们还要养成常常总结的习惯。看起来,复盘和总结有很大的重合之处,但学习过程中,总结更重要。是否有"总结"的习惯,是普通学生和学霸之间一个很明显的差别。因为"总结"的习惯会让考试中每个知识点的得分成为一件很确定的事。

既然"总结"如此有效,那我们究竟该总结一些什么呢?有三点,需要大家注意。

第七章
提分的习惯：学霸会坚持的四件事

知识总结

首先，我们需要进行"知识总结"。从以下两个角度总结，能让我们更好地掌握知识。

第一，总结成体系。

在《极简学习法》中我讲到，我们应该把教材上的知识总结成体系，自己把知识点串起来。所以，我们不能光学知识，我们要养成经常总结的习惯。比如，学完一章，需要总结这一章的知识体系，自己画知识体系图；同理，学完一个学期的课程，我们也可以把每个科目的知识进行整体总结。

这种把知识总结成体系的习惯，会让我们学到的知识不再是零散的，而是在脑海中形成体系，连成串的，这样就是更高层级的掌握。当我们考试做题时，就能看出效果了。某道题应该用这个体系中的哪个知识点或者哪几个知识点进行

解题,一目了然,得分率会更高。

第二,总结重点。

除了把知识总结成体系,我们还需要经常总结知识中的重点。任何领域都有"二八法则",在我们学习时,如果能经常总结出知识中的重点并掌握,那么我们的学习效率就会倍增。

当我们学习一个板块或者一个类型的知识时,可以对这部分内容的重点进行总结。比如,我们学习了一段时间的文言文,就可以去总结文言文中重要的知识点,比如常用虚词、常用句型等。一旦我们着重掌握了这些,你就能更好地拿下文言文。

考题总结

有一个概念叫"母题",所谓"母题",就是通过变体能演变出其他题目的题型。如果你能

第七章
提分的习惯：学霸会坚持的四件事

把这些母题都做会了，那就意味着你掌握了绝大多数的题目。

科杰（化名）是一位高考物理满分，并考上北大的学生。虽然很多人都觉得物理很难，但是在他眼里，物理只需要一个"题型本"就可以搞定。他这个题型本，就相当于"母题本"，里面的题目是他对历年高考真题和一些重点高中的物理考题的总结，以及这些题的解题方式。他发现虽然每道物理考题看起来都不一样，但是经常出现的题型也并不多，基本上是他题型本上题目的变体。而且，这些题型都有很明显的特点或标识。他对这些题型进行了总结，做到看到哪些特点或标识，就能马上知道这些题目怎么做。

虽然历年考卷上的题目都不一样，但我们依然可以总结出常见的题型，或者说"母题"。如果你总结出这些题目，那么你就找到了快速拿下更多题目的捷径。一种更高效的学习方式，自然

也会让你在考试中的得分变得确定。

所以,我们在学习中,务必要养成总结试卷题目的习惯,找到题目中的共性。总结出各类题目,形成自己的题型本,不断总结和积累,对提分一定会有非常大的帮助。

答案总结

在《极简学习法》中,我给大家讲过一个河南女生用一拉杆箱笔记考上北大的故事。她的笔记中,很多都是她总结的高考常考题目的答题模板。这些模板让她的得分变得确定,最终成为他们县有史以来第一个考上"清北"的文科生。

其实,中、高考中很多题目都是确定的。比如,数学的每道大题考什么,基本是确定的;语文出题文章的类型也基本是确定的,题型也很稳定;英语的题型虽然隔几年就会出一个新题型,

第七章
提分的习惯:学霸会坚持的四件事

但基本没有大变过。既然题目如此确定,总结出题目的解题方式和答题模板就很容易。这也是一种让你得分变确定的方式。

如果大家不知道如何总结,可以参考《极简学习法》中"多元输出"的部分。我在这部分里专门讲到了"参考答案学习法"以及"总结答题模板",大家可以直接按照书里的方法去做,非常容易,效果很棒。

第25招　常常聚焦
一段时间集中做一件事，提分更有保障

提分学习，如果做到"聚焦"，是更有保障的。所以，除了学校的日常学习，我们一定要遵守"一段时间聚焦一件事"的原则。

这个道理很好理解，在本书前面的好几个部分也专门讲过类似的观点。比如讲偏科的学习，就必须利用大块时间集中攻克。

提分的学习，与日常的学习不同，不是按部就班地学习新知识。日常学习像是走平路，按照一定的节奏，平平稳稳地走下去就行；而提分的

第七章
提分的习惯：学霸会坚持的四件事

学习更像是爬坡，需要更使劲。当然，让我们一直爬坡、一直使劲也不科学，我们可以采用"一段时间聚焦一件事"的方法。完成一个目标，休整下，再去完成下一个目标。这样脉冲式行进，提分学习就能一直进行下去，效果就会更有保障。

"一段时间聚焦一件事"，除了用一大块时间聚焦一个偏科外，其他时间我们该如何利用呢？其实很简单，把握以下两个要点就行。

每周一件要事

我们以周为单位，在做每周的学习计划时，给自己每周确定一件要事。在这一周，就集中精力专注做这一件事，保证深度学习，这样我们就能保证提分效果。而其他的事情，以较少的精力去维持。这样的学习安排，能够保证我们把核心的时间和精力都聚焦在要事上。即使其他的学习成果不好，但我们搞定了要事，学习效果也是有保障的。反之，你给自己一周安排很多事，眉毛胡子一把抓，反而每一件事都没做好，没有学习效果。

当然，你可能会说，那只关注一件要事，其他的要事怎么办？那就是下一个要点了。

完成一件事再进入下一件

当我们完成本周的要事后，下周再集中精力搞定新的要事。如果你有很多学习任务需要完成，把它们拆解到每一周，这样就能更好地执行。

比如，你计划用一个月的时间提高英语。那么，你可以把英语拆解到连续的四个星期里，每周一件要事。第一周攻 500 个高频词；第二周攻克语法难点；第三周训练答题技巧；第四周提高作文水平。

第七章
提分的习惯：学霸会坚持的四件事

当然，在整体执行过程中，你一定要做到，完成一件事后，再进入下一件事，做到不欠账，"要事周清"。如果当周没有完成，又进入下一件要事，就会出现两周的要事，甚至几周的要事缠绕在一起的情况，那基本就没有完成的可能了。

完成一件事再进入下一件事的目的，是让我们在每一件事的周期里，做到非常专注且聚焦。这是拿下要事的一个保障。

第26招 常常完成

习惯从一而终,学完做完是第一重要的事

在我的《极简学习法》出版后,每天都会有很多人加我的联系方式,询问有关学习的问题。但也有人让我推荐其他学习方法的书籍,其中有一位让我印象很深的家长读者就是如此。我正准备回复她时,她立刻又发来一条消息:我想给孩子多收集一些好的学习方法的书,让孩子用。

这位家长的心理是非常常见的,总是希望给孩子寻找到更多更好的学习资源。这种心态是可以理解的,但在学习这件事上,我个人不是特别赞同他们这么做。

在这个部分,我就专门讲一下为什么我们不要这样做,而学霸们又是怎么做的呢?

假努力学生常有的错误学习习惯

大家先来检测一下,以下两种情况是不是你的真实写照。

第一种情况:你总是在寻找不同的学习方法,总觉得自己现在用的还不够好,总想寻找到更好的。特别是某种学习方法,你刚用了一小段时间,发现自己并没有特别大的提升,你觉得是这种学习方法不行,于是另寻新的。如此反复,在这种不断更换学习方法的过程中,你的成绩依然原地踏步,没有提高。

第二种情况:你会买很多学习资料,各种辅导书、学习课程多如牛毛。但是,没有哪一本辅导书用到了最后,也没有哪一套课全部看完。大多数情况都是书就翻几页,课就听几节。而你背的单词永远停留在第一个"abandon"上,巧的是,这个单词的意思是"放弃"。

你在学习中,有没有这两种情况?如果有,那我可以很负责任地告诉你:你的学习成绩永远不可能真正提高。

为什么如此确定,道理非常简单。学习中,一件很重要的事情就是从一而终。以上两种情况,都没有将一套学习资料或者学习方法贯穿学习的始终,都只是浅尝辄止,注定不可能有大结果的。

我想告诉大家一个非常重要的思维,叫"深井思维"。做事情要像挖井,我们想挖出水,必须挖得足够深才行。两个人在同一片区域挖井,一个人挖几下发现没水,就换地方重新挖,挖几下依然没水继续换地方。如此往复,他可能永远都挖不出水来;而另外一个人,在一个地方一直

第七章
提分的习惯：学霸会坚持的四件事

挖，当他挖得足够深时，就一定能挖出水来。

学习也是一样，你不能一直"换"，换方法、换资料，甚至换老师。你短期内成绩没有提高，没有取得好的结果，就觉得是方法、资料、老师的问题。然而事实并非如此，而是你目前积累的量变还没有达到质变。你只需要坚持，或许就在你想换时，又坚持了一下，就会出现质变。

那我们到底该怎么做，才能真正达到提分的效果呢？接下来就来看具体做法。

学霸们都在用的科学方法

其实，在学习的过程中，"完成比完美"重要，坚持到底，从一而终比一切都重要。在学习时，你只做两件简单的事，就能确保你学完做完，达到好的提分效果。

第一:一套学习方法用到底

千万不要随便换学习方法!

千万不要随便换学习方法!

千万不要随便换学习方法!

重要的事情说三遍。

如果你用别人教你的学习方法努力了很久都无效,或者压根儿没有具体的学习方法,处于盲目的学习状态,那可以从现在开始使用《极简学习法》和本书中的方法进行学习。

记住,如果你用过这套学习方法,确实可以提分,即使一开始提分效果没有达到你理想的高度,也不要去随便更换。

为什么这么说呢?不是没达到自己理想的高度吗?为什么不换?原因很简单,因为你的"理想"可能"太理想化了",不切实际。一方面,我们要给量变一点积累的时间;另一方面,给自己一点时间,你对这套方法运用得还不太熟练,

第七章
提分的习惯：学霸会坚持的四件事

所以效果不明显。

记住，只要有效果，哪怕速度不快也没关系，我们看问题要学会"先定性，再定量"。这种学习方法能让你进步，那就说明它是有效的。这时候我们要做的事，就是把这个方法坚持用一段时间，你对这套方法运用得越来越熟练，你的进步也会越来越大，在某一刻，你的进步速度就会提到一个高度。坚持到最后，就能实现理想状态了。

其实，学习方法就像一套工具。任何工具的使用，都是从不熟悉到慢慢熟练，再到越来越熟的。如果你中途更换了学习方法，那么你之前的努力，和在这套方法上投入的时间都白费了。然后换新的方法，重新开始熟悉，效果不满意，又换新的方法……最终陷入一种恶性循环。

你可能会说："我不断地换是为了找到更好的学习方法啊，我没法确保我现在用的方法就是最好的呀。"不同的学习方法确实有差别，但如

果你一直换,你就永远都不可能有一套自己擅长的方法,你就永远都无法获得熟练使用方法后带给你的大提升。再说,我们的学习时间有限,不允许我们一直试错。

所以,遇到有效果的学习方法就坚持下去,越用越熟练,坚持到最后。

第二:一套学习课程或者一套教辅书用到底

或许这个世界上,确实有一套最适合你的课程和辅导书,如果你使用了,提分效率就会倍增。但是,寻找到这么合适的学习资料是很耗时的。我们不能把学习过程变成寻找好的学习资料的过程。如果满分是 100 分,一套只有 80 分的学习资料,你能全部把它学完,那也能掌握 80 分的知识点。

与把"一套学习方法用到底"一样,如果你现在用的学习资料对你是有帮助的,那你也坚持

第七章
提分的习惯：学霸会坚持的四件事

把它用到底。

在《极简学习法》中，我专门给大家讲了如何选择适合自己的学习资料。其实现在市面上口碑不错的课程教辅书，都是可以的。它们都有自己完整的体系，只要你跟着学完，就能把知识学全。

反之，如果你不断更换学习资料，很有可能你任何体系都学不完，知识也学不全，学习效果可想而知。更何况，不断地寻找学习资料会消耗大量时间。

所以，讲了这么多，核心就想说一件事：在学习中，你必须坚持一个很好的习惯，就是"常常完成"。从一而终，坚持到底，完成比一切都重要。

第八章

提分的陷阱:
根除假懂、假会、假行

在提分以及学习的过程中,你会很容易掉入三个陷阱:假懂、假会、假行。在这一章,我们就专门来讲,如何根除"假懂、假会、假行"。

第八章
提分的陷阱：根除假懂、假会、假行

第27招 根除假懂
上课能听懂，自己做不会，怎么办

很多同学都会出现这样的情况，上课听老师讲课能听懂，但是自己做题就不会。这其实就是典型的"假懂"。

假懂的原因

为什么会出现上课能听懂，自己做题就不会的情况呢？

其实，你上课能听懂，未必是真懂，而是假懂。这就好比从 A 点到 B 点，上课能听懂，是老师带着你走到了终点,并不是你自主完成的。遇到分岔路,也不需要你自己选择走哪条,都是老师来选的,你只是跟着走而已。虽然最终你走到了 B 点,但并不具备自己完整从 A 点走到 B 点的能力。这也就是学习中常遇到的"假懂"。

你自己做题时就不一样了,虽然还是从 A 点到 B 点,但中间遇到的任何情况都需要你自己解决,没有人给你指路,也没有人带着你走。可能,你刚一出发,就遇到了三岔路口,你不知道走哪一条了;又或者你在路上遇到一个工具,你也不知道是否要用它,该怎么用。这样你怎么可能走到终点?

怎么根除"假懂"

明白了"假懂"的原因,那如何解决"假懂"就很容易了。你需要做两件事:

第八章
提分的陷阱：根除假懂、假会、假行

第一，思想的准备。

你要在思想上接受有"假懂"情况的出现。也就是你要接受一个事实，即使你上课能听懂，也极有可能是"假懂"。你不能只满足于上课能听懂，还要去检测自己是否真懂。

第二，行动起来。

一旦你发现自己只是"假懂"，那你就要马上解决。具体的做法很简单，独自做题，看是否能解出来。如果能，那就说明你是真的懂了这部分知识；如果不能，那就需要你继续学习，做到能独立解出这部分知识的题目，做到真懂。

第28招 根除假会
考试成绩忽高忽低，一招解决

有一些同学的考试成绩总是忽高忽低，成绩高的时候，能冲击班级前十；成绩不高的时候，就掉到班级中等。所以，很难判断他的成绩到底是好还是不好。

如果出现这种情况，就是掉入了另外一个提分的陷阱：假会。

假会的原因

为什么有些同学的成绩会忽高忽低呢？稍微

研究一下，就能理解。我们的试卷题目有限，不可能覆盖所有的知识，如果试卷上的知识点恰好都会，成绩就高；反之，试卷上的知识点都不太熟，成绩就低。

为什么会出现这样的情况呢？因为学习上有漏洞，有些学得不错，而有些学得不好。自然每次成绩的高低，就看考试的内容与你会的知识重合度有多高了。

当然，你也会发现班上有一些同学，无论卷子简单还是难，他们的成绩一直都非常稳定。这就说明，这些同学在学习上没有漏洞，每个地方都学得很扎实。

怎么解决"假会"

我们分析出"假会"是因为有知识漏洞，那我们要做的自然就是解决这些漏洞了。这就好比一个盆子有很多孔无法装水,我们把这些孔找到,补上就可以了,也就是我们经常说的"查漏补缺"。

所以,我们要做的就是把最近几次考试的试卷都拿出来进行分析,找到我们学习上存在的漏洞,据此制订出具体的学习计划。有一个补上一个,有两个补上两个,直到把所有的漏洞都补上。之后,不管怎么考,你的成绩都会很稳定。

第八章
提分的陷阱：根除假懂、假会、假行

第29招 根除假行
平时还行一到考试就不行，如何避免"考砸"

还有一类学生，平时对知识的掌握还可以，但是一到考试就不行了，成绩出来一塌糊涂，总感觉发挥不好，觉得自己考砸了。

其实，这个世界上没有真正的"考砸"。你之所以考砸，是因为你肯定有学得不到位的地方。所谓的考砸，就是你不行。如果你觉得你行，只能说你是"假行"。

这一部分，我们就来分析，为什么会出现"假行"的情况，为什么你会考砸以及该如何避免考砸。总结下来，一共有三种原因。我也分别给出了对应的解决方案，大家可以直接看下面这张图。

假行原因与解决方案	原因1 平时学习难度不够	解决方案 提高难度别骗自己
	原因2 综合总结不到位	解决方案 总结知识、解题套路、答题模板
	原因3 考试心态影响	解决方案 真正学扎实，不要对任何考试抱有侥幸心理

原因一：平时学习难度不够

解决方案：提高难度别骗自己

因为考试难，所以得分低。如果某年大考确实很难，这个可以理解，其实也没有影响，因为大家都难。但如果只是你一个人觉得很难，那就不是真难；可能是你平时学习的难度不够，所以你才会觉得考试的题目难。那就需要你升级自己的学习难度，学习更难的知识，去做更难的题目。你的水平提上

第八章
提分的陷阱：根除假懂、假会、假行

来之后，再上考场，就能游刃有余了。

原因二：综合总结不到位

解决方案：总结知识、解题套路、答题模板

在提分的习惯中，我们讲到要常常总结，把得分变得确定。如果你经常考砸，很有可能是你在"把得分变确定"这件事上做得不够好。因为你把考试成绩很大程度上寄托于自己在考场上的发挥情况。但如果我们要拿高分，就必须做到不管我们在考场上发挥得好不好，都能拿到我们该得的分。

在"常常总结"这个部分，我们讲到了要"总结知识、总结题型和总结答题模板"。当你做好这些总结，你的知识是成体系的，题型也烂熟于心，看到不同的题目，也可以马上用早已经总结好的答题模板来作答。当你做到这些，在考场上，遇到什么情况都不用怕了，因为在"知识、题型、答题"这三个层面，你都已经做好充分准备。一

切尽在掌握中,想考砸都难。

原因三:考试心态影响

解决方案:真正学扎实,不要对任何考试抱有侥幸心理

考砸还有一种情况是心态影响。面对大考时,我们难免紧张,确实会影响考试。这就需要我们在平时训练好心理素质,在心态上做好准备。

除了在心态上做准备,还需要在我们可控的地方努力,从根源上消除紧张感,消除影响我们考试心态的因素。

有一句话叫:在绝对实力面前,一切技巧都是多余。你想,如果你参加100米跑的考试,11秒是满分,你平时成绩一直都在10秒内,你会紧张吗?肯定不会。因为你的绝对实力足够。但如果你平时的成绩就在11秒左右,你的心态就会比较忐忑,会想各种办法让自己在考试中跑进10秒内。

第八章
提分的陷阱：根除假懂、假会、假行

举这个例子是想说，让自己拥有一个好的考试心态，从根本上来说，就是"让自己拥有绝对实力"。我们不能对任何考试抱有侥幸心理，我们要做的就是在学习、复习的阶段，尽可能把自己能做的做到最好，真正学扎实。当你有了真正的实力，你就会有好的考试心态，因为你知道，不管怎么考，你都做好了准备。

图书在版编目（CIP）数据

提分 / 廖恒著 . — 北京：北京联合出版公司，2023.7（2023.7 重印）
ISBN 978-7-5596-6973-5

Ⅰ.①提… Ⅱ.①廖… Ⅲ.①中学生 – 学习方法 Ⅳ.① G632.46

中国国家版本馆 CIP 数据核字 (2023) 第 101380 号

提分

作　　者：	廖　恒
出 品 人：	赵红仕
责任编辑：	徐　鹏
图书策划：	蔺亚丁
产品经理：	唐鲁利
封面设计：	仙　境
版式设计：	姜　楠

北京联合出版公司出版
（北京市西城区德外大街 83 号楼 9 层　100088）
北京时代华语国际传媒股份有限公司发行
唐山富达印务有限公司印刷　新华书店经销
字数 80 千字　880 毫米 ×1230 毫米　1/32　7.5 印张
2023 年 7 月第 1 版　2023 年 7 月第 2 次印刷
ISBN 978-7-5596-6973-5
定价：52.00 元

版权所有，侵权必究
未经书面许可，不得以任何方式转载、复制、翻印本书部分或全部内容。
本书若有质量问题，请与本公司图书销售中心联系调换。电话：010-63783806